《青少年校园足球活动指导书》编委会

顾　问　郭蔚蔚　高　翔

总主编　王崇喜　赵宗跃

编　委　(按姓氏笔画为序)

　　　　王建智（郑州大学）

　　　　王崇喜（黄河科技学院）

　　　　田　剑（河南大学）

　　　　左晓东（郑州大学）

　　　　吕　刚（郑州轻工业学院）

　　　　刘俊凯（河南省基础教育教研室）

　　　　陈　玉（郑州师范学院）

　　　　赵宗跃（河南大学）

　　　　赵超君（黄河科技学院）

青少年校园足球活动指导书　总主编／王崇喜　赵宗跃

青少年校园足球活动指导书

教 学 篇

主　编　赵超君　刘俊凯

参编人员（按姓氏笔画为序）
牛晓楠（开封市第33中学）
刘　博（黄河科技学院）
刘俊凯（河南省基础教育教研室）
李　洋（濮阳市华龙区实验小学）
苏　亮（河南财经政法大学）
赵超君（黄河科技学院）

河南大学出版社
HENAN UNIVERSITY PRESS
·郑州·

图书在版编目(CIP)数据

青少年校园足球活动指导书.教学篇/赵超君,刘俊凯主编.—郑州:河南大学出版社,2017.12

(青少年校园足球活动指导书/王崇喜,赵宗跃总主编)

ISBN 978-7-5649-3121-6

Ⅰ.①青… Ⅱ.①赵…②刘… Ⅲ.①足球活动－中小学－教学参考资料 Ⅳ.①G634.963

中国版本图书馆 CIP 数据核字(2017)第 320406 号

责任编辑	郑　鑫
	姚占伟
责任校对	朱春华
封面设计	郭　灿

出版发行	河南大学出版社
	地址:郑州市郑东新区商务外环中华大厦 2401 号　邮编:450046
	电话:0371-86059701(营销部)　网址:www.hupress.com
排　　版	郑州市今日文教印制有限公司
印　　刷	河南博雅彩印有限公司
版　　次	2018 年 1 月第 1 版　　印　次　2018 年 1 月第 1 次印刷
开　　本	787mm×1092mm　1/16　印　张　15.5
字　　数	260 千字　　　　　　　　　定　价　42.00 元

(本书如有印装质量问题,请与河南大学出版社营销部联系调换)

序　言

　　习近平总书记指出：少年强、青年强则中国强。少年强、青年强是多方面的，既包括思想品德、学习成绩、创新能力、动手能力，也包括身体健康、体魄强壮、体育精神。既把学习搞得好好的，又把身体搞得棒棒的，做到德智体美全面发展，将来成为祖国建设的栋梁之材。强化学校体育是全面推进素质教育、促进学生身心健康全面发展的重要途径，对于促进教育现代化、建设健康中国和人力资源强国、实现中华民族伟大复兴的中国梦具有重要意义。发展青少年校园足球活动作为落实立德树人的根本任务、培育和践行社会主义核心价值观的重要举措和推进素质教育、引领学校体育改革创新的重要突破口，对推动学校体育发展、促进学生全面健康成长、培养德智体美全面发展的社会主义建设者和接班人具有重要的意义。习近平总书记指出：足球运动的真谛不仅在于竞技，更在于增强人民体质，培养人们爱国主义、集体主义、顽强拼搏的精神。我们在推进校园足球的工作中，要充分发挥足球的育人功能，遵循人才培养和足球运动的发展规律，理顺管理体制，完善激励机制，优化发展环境，大力普及足球运动，培育健康足球文化，弘扬阳光向上的体育精神，促进青少年身心健康、体魄强健、全面发展，为提升人口素质、推动足球事业发展、振奋民族精神提供有力支撑。当前校园足球活动蓬勃发展，体制机制不断完善，发展模式不断创新，发展规模不断扩大，社会各界对学校体育在思想观念和认识上有了巨大的转变，目前全国已经建成了2万多所校园足球特色学校。

　　河南省开展校园足球活动遵循育人为本、重在普及、广泛动员、人人参与、夯实基础、稳步提高的指导思想，青少年参与足球活动的积极性不断增强，足球人口数量不断增加，当前国家级校园足球特色学校已经达到1575所，校园足球活动得到社会的广泛支持与认可。但校园足球的发展还很不平衡，存在着普及面不广、足球课教学质量有待提高、足球训练水平较低、保障能力不足、缺少高质量的技术支持等问题。鉴于这种情况,为了保证我省校园足球活动的持续健康发展,必须进一步健全校园足球管理制度,提高管理人员和足球教师的整体素质,为校园足球工作提供有力的技术保障。为此河南省校园足球工作领导小组办公室组织编撰《青少年校园足球活动指导书》,整套书由教学篇、训练篇、竞赛篇、游戏篇4册组成,以便为校园足球教学、训练、竞赛水平的稳步提高提供有力的技术保障。编写组由在教学、训练、竞赛等方面具有丰富经验的科研人员和大、中、小学足球教师组成,参与编写的同志们本着对学校体育事业的忠诚,努力探索校园足球工作的规律,克服诸多困难,编写力求体现指导性、实用性和创新性,经过不懈的努力,终于完成此套丛书的编写。在此,对他们这种求真务实的精神表示致敬,并祝愿校园足球工作取得更大成绩。

2017年10月

前　言

青少年校园足球活动具有独特的教育价值和重要的筑基作用。加快发展青少年校园足球活动是贯彻党的教育方针、促进青少年身心健康的重要举措，是夯实足球人才根基、提高足球普及程度和竞技水平、成就足球强国梦的基础工程。为贯彻落实国家六部委《关于加快发展青少年校园足球的实施意见》精神，进一步推动校园足球活动的深入、健康、持续发展，落实我省提出的校园足球特色学校每周一节足球课的要求，不断提高校园足球教学质量，我们编写了《青少年校园足球活动指导书——教学篇》。

教育部把"教学是基础，竞赛是关键，体制机制是保障，育人是根本"作为校园足球的发展思路，并组织专家编写了《全国青少年校园足球教学指南（试行）》《学生足球运动技能等级评定标准（试行）》等文件，用以指导校园足球特色学校的足球教学工作。体育教学是学校体育工作的中心环节，在师资、场地、器材、时间等方面最具保证，因此把足球作为体育与健康课程的重要学习内容，要求校园足球特色学校每周开设一节足球课。这是广泛普及足球运动、吸引更多青少年儿童喜爱并参与足球运动的有力举措，也是强化体育课的具体体现。但是，由于目前足球专业的体育教师相对匮乏、学校足球场地十分有限、足球教学组织难度较大等原因，足球教学面临诸多问题和困难。《青少年校园足球活动指导书——教学篇》将为广大体育教师如何上好足球课提供指导和帮助，为提高校园足球教学质量、加快发展校园足球奉献微薄之力。

《青少年校园足球活动指导书——教学篇》以教育部颁布的《体育与健康课程标准》和《全国青少年校园足球教学指南（试行）》为基本依据，来帮助校园足球特色学校深刻理解与合理使用《全国青少年校园足球教学指南（试行）》，落实我省提出的校园足球特色学校每周一节足球课的基本要求，不断提高校园足球教学质量。

JIAO XUE PIAN

《青少年校园足球活动指导书——教学篇》根据基层学校实际情况和体育教师的需求,对足球教学计划的制订、足球课堂教学的实施、足球学习的评价、足球大课间活动等问题作了系统的分析阐述,并提出了指导性意见和建议。为满足广大体育教师足球教学需要,还分别对小学、初中和高中阶段学生的身心特点进行了分析,并据此提出了足球教学的建议和若干足球教学案例,供广大体育教师在教学实践中参考使用。本书为部分教学案例配了视频,用手机扫描图下的二维码即可观看视频。由于各学校在师资、场地、器材、学生等方面存在差异,本书提供的教学案例仅供参考借鉴。广大体育教师应具体问题具体分析,积极思考,善于借鉴,把从案例中得到的启发与学校实际有机结合起来,创造性地设计实施本校的足球教学活动,不断提高校园足球教学质量。

本书的第一章和第二章由赵超君(黄河科技学院体育学院)编写,第三章和第四章由刘俊凯(河南省基础教育教研室)编写,第五章、第六章、第七章的第一节由苏亮(河南财经政法大学)编写,第五章第二节由李洋(濮阳市华龙区实验小学)编写,第六章第二节由牛晓楠(开封市第33中学)编写,第七章第二节由刘博(黄河科技学院体育学院)编写。本书引用或借鉴了部分中小学足球课的典型案例和部分学校足球大课间活动的案例与制度,拍摄书中插图时得到了开封市第33中学的大力协助,在此一并表示感谢。

编者
2017 年 10 月

目　　录

第一章　足球教学计划制订 …………………………………………（1）
　　第一节　《全国青少年校园足球教学指南(试行)》介绍 ………（1）
　　第二节　足球学习目标 ……………………………………………（5）
　　第三节　足球学习内容 ……………………………………………（12）
　　第四节　足球教学方法 ……………………………………………（18）
　　第五节　足球教学计划 ……………………………………………（29）

第二章　足球课堂教学实施 …………………………………………（47）
　　第一节　足球教学的理念与要求 …………………………………（47）
　　第二节　足球教学的准备与结束 …………………………………（53）
　　第三节　足球教学的示范与讲解 …………………………………（58）
　　第四节　足球教学的组织与调控 …………………………………（64）
　　第五节　足球练习常见动作错误纠正 ……………………………（76）
　　第六节　足球课身体素质课课练 …………………………………（81）
　　第七节　足球教学中的品德培养 …………………………………（86）
　　第八节　足球课安全隐患的规避 …………………………………（90）

第三章　足球学习评价 ………………………………………………（96）
　　第一节　足球学习评价的目的与原则 ……………………………（96）
　　第二节　足球学习评价的内容与权重 ……………………………（99）
　　第三节　足球学习评价的主体与方法 ……………………………（100）
　　附：学生足球运动技能等级评定标准(试行) ……………………（106）

第四章　足球大课间活动 (124)
第一节　足球大课间活动的意义 (124)
第二节　足球大课间活动的设计 (128)
第三节　足球大课间活动的实施 (132)
第四节　足球大课间活动案例 (134)
附：足球大课间活动方案与相关制度 (138)

第五章　小学足球教学建议与案例 (148)
第一节　小学生身心特点与足球教学建议 (148)
第二节　小学足球教学案例 (155)

第六章　初中足球教学建议与案例 (178)
第一节　初中生身心特点与足球教学建议 (178)
第二节　初中足球教学案例 (186)

第七章　高中足球教学建议与案例 (201)
第一节　高中生身心特点与足球教学建议 (201)
第二节　高中足球教学案例 (208)

附：《全国青少年校园足球教学指南（试行）》（节选） (221)

主要参考文献 (241)

第一章　足球教学计划制订

> **本章提要**：本章主要介绍了教育部颁发的《全国青少年校园足球教学指南(试行)》，并从教学设计的角度出发，对校园足球学习的目标、内容和方法进行了简要的分析阐释，重点分析了足球教学方法和练习方法的创编思路。本章对学期教学计划、单元教学计划和课时教学计划的制订提出了指导意见，并分别提供了学期教学计划、单元教学计划和课时教学计划的样例，供体育教师在制订本校足球教学计划时参考。

《礼记·中庸》有言："凡事预则立，不预则废……行前定则不疚。"意思是我们做任何事情，事前有准备才可能成功，没有准备便可能失败……行动之前做好计划先有定夺，就不会发生后悔的事。马克思也曾说过："蜜蜂建筑蜂房的本领使人间的许多建筑师感到惭愧。但是，最蹩脚的建筑师从一开始就比最灵巧的蜜蜂高明的地方，是他在用蜂蜡建筑蜂房以前，已经在自己的头脑中把它建成了。"在头脑中预先筹划将要进行的工作是人类特有的一种智慧，一种先于行动并指导行动的设计智慧。制订本校的足球教学计划就是一个足球教学活动的设计过程。这个设计过程是体育教师设计智慧和教学理念的体现，对于提高足球教学的目的性、自觉性和计划性，具有十分重要的意义。

第一节　《全国青少年校园足球教学指南(试行)》介绍

为加快发展青少年校园足球活动，推进校园足球特色学校把足球作为体育与健康课程的重要教学内容,不断提高足球教学质量,教育部于2016年研究制定并印发了《全国青少年校园足球教学指南(试行)》(以下简称《教学指南》)。《教学指南》为校园足球特色学校的足球教学制定了明确的学段和年级目标,设计了系统的、丰富的教学内容体系,提出了不同年级的具体教学要点,是校园足球特色学校实施足球教学的重要理论依据和行动指导。《教学指南》按照每学期20个课时的数量设计了详尽的足球技战术学习内容,为广大校园足球特色学校体育教师选择足球学习内容、制订足球教学计划、实施足球教学提供了非常丰富的内容资源。

由于各学校体育资源条件不尽相同,学生的足球基础也存在较大差异,因此各学校在根据《教学指南》设计与实施足球教学工作时,应注意以下几点。

一、认真学习《教学指南》,理解文件精神

要认真阅读《教学指南》,细心领会文件精神,弄明白《教学指南》的文件性质,了解各学段足球学习的目标和内容安排以及本学段足球学习的要点。《教学指南》中提供的足球学习内容是一个完整的、系统化的内容体系,给各学校选择、编排足球学习内容提供了很大方便。但文件中每学期20个课时的学习内容,并非是各学校必须原封不动照搬套用的具体教学进度,各学校可根据本校实际,参照《教学指南》的学习内容安排和基本要求,灵活设计与实施本校的足球教学活动。

二、合理选择内容,制订教学计划

要认真分析本校实际情况和学生的足球运动基础,根据本校足球场地器材以及师资条件,合理安排能够开设的足球课时数量;根据本学段足球学习的要点,在《教学指南》提供的学习内容中有针对性地选择学习内容,并制订好每学期的足球教学进度计划。

三、分析学生现状,有效实施教学

要根据本校学生的足球水平现状,从实际出发,因地制宜地实施足球课堂教学。较高学段的学生如果在较低学段没有学过足球,甚至在足球运动方面处于零基础状态,教师可以从较低学段的足球内容中选择部分难度适宜的内容,适当降低足球教学的目标要求,因地制宜、区别对待地设计与实施足球教学。

四、科学安排进度，促进学生发展

如果学生在初中或高中阶段才开始从零起点学练足球，教师虽然应从最基础、最简单的技术开始教学，但应适当加快足球学习的进度安排；应注重在学习基础技术的同时，加强足球战术意识的培养和对抗条件下合理运用技术的能力培养，使学生能够尽快打成足球比赛。

五、用好单元教学，提升教学质量

对那些难度较大、学生较难掌握的动作技术，可以适当增加课时数量，采用单元教学的方式，把具有关联性的内容连续、集中地安排在一个单元内，合理有序地进行教学活动，帮助学生更好地掌握所学足球运动的技能。

> **知识窗**
>
> **开展校园足球的意义**
>
> 2016年，国家发改委公布了《中国足球中长期发展规划》，该文件明确提出："加强校园足球建设，把足球列入体育课教学内容，发展足球社团，培养足球兴趣，开展足球竞赛活动，不断培育足球爱好者和足球人才。"开展校园足球活动是中国足球发展规划的重要内容，对于促进青少年健康成长、夯实我国足球运动发展的基础将产生重要而深远的影响。

下面提供的《教学指南》中的引言部分，对《教学指南》这一文件的性质、作用、使用方法等作出了明确的说明，有助于体育教师从学校实际出发，合理使用《教学指南》，是体育教师使用《教学指南》时必须首先重点阅读和深刻理解的内容。

《全国青少年校园足球教学指南（试行）》的引言

一、为贯彻落实《中国足球改革发展总体方案》和《中国足球中长期发展规划（2016～2050年）》对发展校园足球的总体要求，指导各地中小学深化足球教学改革，积极推进校园足球普及，制定《全国青少年校园足球教学指南（试行）》（以下简称《指南》）。

二、《指南》坚持立德树人，以普及校园足球、培养学生综合素质和促进青少年

健康成长为目标,是指导和规范校园足球教学活动开展的基础性文件,是《体育与健康课程标准》在足球运动项目上的具体落实,主要适用于全国青少年校园足球特色学校。

三、《指南》以目标引领内容,注重学生足球意识、观察能力、交流能力和协作能力的培养。学生在小学阶段主要是了解足球的基本知识,具备足球比赛的基本能力。初中阶段主要是掌握足球比赛的基本要素和竞赛规则,提高控球能力,能够在对抗条件下展现足球基本技战术能力。高中阶段主要是进一步发展对抗条件下的足球技战术能力,培养特长技术和位置意识。

四、《指南》分为两个部分:第一部分是校园足球教学的基本要求,包括小学至高中每一年级的学习目标、学习内容、课时比例和教学要点;第二部分是小学至高中每一年级的课次教学内容示例,在课次内容示例安排中,强调了主要内容,但并不是唯一内容,在教学过程中要注意各课次内容的衔接,注意足球教学的完整性。《指南》按照每一学年40课时设计,略超实际课时,供教师制订教学计划时参考和选择使用。

五、在校园足球教学过程中,教师应注重游戏教学法和比赛教学法的运用。在此基础上倡导教师以《指南》为依据,充分发挥主观能动性,不断丰富完善校园足球课堂教学方法和手段,增强足球教学的吸引力,培养学生的足球兴趣,促进校园足球教学质量的提高。

六、针对当前中小学足球水平起点不一,且相当一部分学生足球水平"零起点"的现状,各地可因地制宜、因校制宜选择《指南》中的教学内容。教师应在教学实施前充分了解学生足球技能的基本情况,选择难度适宜的学习内容进行教学,做到因材施教。例如,选择《指南》中的小学一、二两个年级的教学内容或仅挑选《指南》中部分规定内容进行教学,降低学习难度,循序渐进,通过3～5年的规范教学,逐步过渡到能够完成《指南》规定的学习内容,实现规定的学习目标。《指南》所列出的守门员技术、位置技术以及整体攻防战术等内容具有一定实施难度,可以作为教学过程中的介绍内容。

七、各地要依据《指南》精神,制定符合地方和学校实际情况的足球课程实施方案,注重校园足球教学方法和组织形式的改革,做好学生学习评价、教师教学评价以及课程建设评价,因地制宜地开发利用各种课程资源,体现课程弹性和地方特色。各地中小学可根据《指南》编写供教师使用的学校教学指导手册等,不断丰富教学资源。

本书最后附有《全国青少年校园足球教学指南(试行)》的除"引言"部分的内容,请大家认真学习,深刻领会,结合本校实际灵活应用。

第二节 足球学习目标

目标是预期要达到的结果,学习目标是对教学活动要达成结果的一种预期,体现了学生在经历教学过程之后,在行为、能力和情意等方面发生了哪些变化。足球学习目标是学生通过足球技战术的学练过程,在足球技能、身体素质、体育精神等方面发生的变化,是对足球教学结果的一种预期。

一、设置学习目标的要求

设置足球学习目标应遵循以下基本要求:

1. 全面

足球学习目标应全面体现足球运动的育人价值,应包括学习知识、掌握技能、发展体能、培养品德等多个方面。但全面性不是面面俱到而缺失重点,而是在突出重点的基础上,追求足球运动多元价值的实现。例如,在某个单元或某节课上,设置足球知识、足球技能或专项体能等方面的目标是可以的,但也应该有所侧重的,然而体育精神培养方面的目标应该贯穿和渗透于足球学练的全过程。

2. 具体

学习目标设置要反映学生通过学习过程所发生的认知、情感和行为等方面的变化,具有可操作性与可测评性。课时层面的学习目标,尤其是知识与技能方面的目标最为具体,一般应包括"条件"(在什么情境中)、"行为"(做什么和怎么做)和"标准"(做到什么程度)三个部分。行为一般表现为学生做出了什么具体动作,条件一般表现为学生在完成这些动作时有无提示、限制、对抗、观赏等因素,而标准一般可通过时间、距离、幅度、命中率、完成情况、协调程度等因素得以体现。

3. 合理

学习目标的合理性表现在：在设置单元和课时层面的具体学习目标时，要注意学习目标与具体教材内容的价值相吻合，与技术动作的难度相适宜，与学生的现有水平相联系。学习目标应该难度适宜，大部分学生通过努力可以达成，不能脱离学习内容的固有价值、动作难度特点和学生的现有水平，而只凭教师的一厢情愿来设置学习目标。

4. 灵活

学习目标的设置是一种对结果的预期，而预期往往带有主观色彩。因此，当经过教学实践发现目标设置存在问题或偏差时，可以及时修正原先设置的目标，使其更加准确，能够实现。另外，不同班级的学生存在差异，一种学习目标设置对某个班的学生可以基本达成，但另一个班的学生可能就存在困难。教师可以根据不同班级学生的差异性，对学习目标作出微调，使其更具有适应性。

> **知识窗**
> **体育与健康课程运动技能方面的目标**
> 1. 学习体育运动知识；
> 2. 掌握运动技能和方法；
> 3. 增强安全意识和防范能力。

二、学习目标的层次

无论哪个学段的校园足球教学活动，都应有一个总的目标要求，这是校园足球的总体目标；对学生在经过一个学段的足球学习之后的结果预期，是水平目标；对学生经过一年足球学习之后的结果预期，是学年目标；对学生经过若干课时的单元学习之后的结果预期，是单元目标；对一节课学习之后的结果预期，则是课时目标。从以上分析可以看出，足球学习的目标是自成体系的，而且在目标取向和时间跨度上是具有层次性的，不同层次的目标具有不同的特点和要求。

一般来说，时间跨度较长、层次较高的教学目标，主要是对学生足球学习情况和发展方向的一种总体上的预期,宏观性、概括性较强,不能也无须过于细化。时间跨度较短、层次较低的目标,是对学生经过若干课时或一节课学习之后的结果预期,相对比较具体、明确、细化且灵活。下面分别以总体、学段、学年、单元和课时为例,讨论不同层次学习目标的设置。

1. 总体目标

(1) 了解足球运动的起源、特点、价值及主要比赛规则,掌握并能在比赛中应用所学足球运动的技战术,增强一般和专项体能素质,会欣赏足球比赛。

(2) 主动参加校内外各种足球活动,具有良好的锻炼习惯,比赛中具有合作意识、互助精神以及健康、文明的行为。

(3) 具有勇于拼搏、积极进取、公平竞争的精神和行为;遵守比赛规则,尊重对手、裁判和观众;能正确对待比赛的胜负。

2. 学段目标

学段目标是学生经过小学、初中和高中阶段足球学习之后应达到的预期结果。水平目标的宏观性、概括性较强,是该阶段学生足球学习的总体发展方向和教学侧重。例如,《教学指南》指出,小学阶段主要是了解足球的基本知识,具备足球比赛的基本能力;初中阶段主要是掌握足球比赛的基本要素和竞赛规则,提高控球能力,能够在对抗条件下展现足球基本技战术能力;高中阶段主要是进一步发展对抗条件下的足球技战术能力,培养特长技术和位置意识。这些就是对不同阶段学生足球学习在技战术方面提出的总体目标要求。

不同学段的体育教师应熟知本学段的足球学习目标和总体要求,以便在足球教学过程中把握教学要点,合理选编内容,提高教学质量。

3. 学年目标

学年目标是学生经过一年的足球学习之后应达到的预期结果。例如,《教学指南》中提出的各年级足球技战术和情意方面的目标:

(1) 小学一年级的目标:

——参与足球游戏和比赛,培养球感;

——体验足球活动的乐趣。

(2) 小学五年级的目标:

——主动参与足球学习；

——逐步提高组合技术能力以及与同伴的协作能力；

——强化规则意识，学会调节情绪的方法。

（3）初中一年级的目标：

——积极参与足球活动；

——发展组合技术能力，掌握基础战术方法；

——通过足球活动树立自尊和自信。

（4）高中一年级的目标：

——通过足球养成良好的体育锻炼的习惯；

——发展对抗中技战术的综合运用能力；

——在足球活动中表现出良好的体育道德和合作精神。

4．单元目标

单元目标是学生经过一个单元的足球学习之后应达到的预期结果。单元目标与水平和学年目标相比，要更加具体、明确和细化，具有更强的可操作性、可测评性。单元教学目标的设置应根据该单元学习内容的数量、难度、课时数和学生基础等因素合理设置。例如小学二年级的脚内侧运球、扣球变向运球单元学习目标（3课时）：

——基本掌握脚内侧运球和扣球动作方法，能在扣球后迅速变向运球；

——通过折返跑、变向跑等练习，发展奔跑能力和灵敏性；

——体验足球运动的乐趣，能与同伴相互协作完成各种练习。

5．课时目标

课时目标是学生经过一节课的足球学习之后应达到的预期结果，是最小的目标设置单位，也是最具体的学习目标设置。由于学生的单元目标、学年目标、学段目标都是课时目标积累的结果，所以没有课时目标的实现与积累，就无法实现单元目标、学年目标和学段目标。

要合理设置课时学习目标，必须准确把握学习内容的价值、特点、难度及其重难点，了解学生的现有发展水平，以便为课时目标设置提供基本依据。当课时目标确定后，目标对课堂教学的具体活动内容设计又具有引领和定向作用，课堂教学活动的设计应当服从和有利于课时目标的达成。

> **知识窗**
>
> **体育与健康课程身体健康方面的目标**
>
> 1. 掌握基本保健知识和方法；
> 2. 塑造良好体形和身体姿态；
> 3. 全面发展体能与健身能力；
> 4. 提高适应自然环境的能力。

三、课时学习目标的表述

把课时学习目标的表述单独列出专门讨论，是因为课时学习目标的设置是体育教师每周和每轮新课都要思考的问题，也是实现单元目标、学年目标和学段目标的基础性目标，因此是一个需要重点讨论的话题。

1. 课时学习目标的表述方法

一般来说，足球课时学习目标应包括知识、技能、体能、情意等几个方面。目标的表述一般应体现行为主体、行为动词、行为条件、表现程度等几个基本要素，即表述为谁在什么条件下完成了什么行为以及这种行为达到什么标准或程度。由于学生总是课时目标的行为主体，所以在具体表述课时目标时，"学生"一词可以省略，但是从逻辑上判断，其行为主体仍然是学生，即学生是目标表述中行为表现的逻辑主体。从下面小学二年级脚内侧传接球的课时目标撰写可以看出，要不要"学生"二字，都不影响目标表述的意义。

——（学生）知晓脚内侧传接球的动作要领；基本掌握脚内侧传球、接球的动作方法，能在无防守条件下连续传球、接球10次不出现失误。

——（学生）能坚持完成1分钟×3组的十字象限跳，发展弹跳力和协调性。

——（学生）能在相互配合中进行各种传球、接球练习，表现出协作意识和行为。

2. 课时学习目标表述的注意事项

知识与技能方面的目标表述要具体、明确，尽量体现条件、行为、标准（或程度）

等几个要素,使目标具有可观测性、可评价性。对初步掌握、基本掌握、熟练掌握等的表述,最好能提出掌握的具体标准或程度。

体能方面的目标要和主教材或课课练内容特有的锻炼价值相一致,不能脱离教材或课课练内容的锻炼价值凭空臆造,不能仅凭"想当然"设置目标。发展体能目标的表述要具体、准确,要指出发展或提高什么素质、什么能力,如速度、力量、耐力、柔韧、灵敏、反应、协调、平衡等。像"提高身体素质"之类的目标表述就显得过于笼统。

情意方面的目标一般包括情绪调控、自尊自信、意志品质、规则意识、合作精神、竞争意识、体育道德等多方面的内容,反映了对学生体育精神培养的结果预期,可综合在一个方面加以表述。但目标应和本次课学习内容所特有的教育价值相吻合,应是通过教学活动能够达到的目标,不能只凭教师的一厢情愿随意设置目标。

目标的表述应面向全体学生,应是大多数学生通过学练活动能够达到的结果。在对学生运动技能水平比较了解的情况下,也可对不同水平的学生提出有所区别的技能方面的目标要求,例如:"大部分学生能用脚背内侧的方法踢出两米左右高度的凌空球,其他学生能在两三次踢球中踢出一次符合要求的凌空球。"

> **知识窗**
> **体育与健康课程心理健康与社会适应方面的目标**
> 1. 培养坚强的意志品质;
> 2. 学会调控情绪的方法;
> 3. 形成合作意识与能力;
> 4. 具有良好的体育道德。

3. 足球学习目标表述常用行为动词示例

了解和掌握表述足球学习目标的常用行为动词,有助于教师方便、准确、清晰地设置足球学习目标。足球学习目标表述常用行为动词如下表所示(表1-2-1)。

表 1-2-1　足球学习目标表述常用行为动词示例

目标类型	行为动词	目标表述举例
知识	知道、了解、复述、区分、理解 获得、掌握、增加、提高、分析	知道所学踢球动作的名称
		理解足球运动对身体健康的意义
		能简要分析现代足球运动的特点与发展趋势
技能	学习、模仿、做出、完成 掌握、巩固、提高、运用	能做出正确的脚内侧踢球和接球动作
		熟练掌握脚背内侧运球的方法
		能在对抗条件下运用二过一方法突破防守
体能	坚持、做出、完成、发展 加强、增强、提高、改善	能坚持完成教师布置的所有专项身体素质练习
		发展反应和动作速度，提高快速起动能力
		增强腿部力量，发展身体协调性
情意	培养、参与、体验、交流、合作 感受、表现、爱护、遵守、调节 培养、树立、形成、具有、尊重	体验足球比赛的规则与方法，感受比赛的乐趣
		与同伴合作完成教师布置的练习任务
		表现出自觉遵守比赛规则的意识和行为

4. 足球学习目标行为条件和行为程度表述示例

下表所提供的目标示例，有助于教师在设置足球学习目标时明确地表述达成目标的条件和程度（表 1-2-2）。

表 1-2-2　足球学习目标的行为条件和行为程度表述示例

表述内容	表述示例
行为条件	在提示或指导下完成；能独立完成；在无防守条件下；在消极防守条件下；在积极防守条件下；在比赛条件下；在一分钟时间内连续；静止的球；滚速较慢的球；快速滚动的球；空中来球；反弹球；能根据哨音信号；能根据教师手势信号；能根据教师口令信号……
行为程度	能说出某种踢球动作方法；连续颠球 5 次以上；5 次射门能射中 3 次；绕杆运球 20 米不出现失误；两人连续传、接球 10 次以上不失误；传球路线不超出接球人左右 1.5 米；5 次运球突破能成功 3 次；不停球一脚传出；将来球接在可控范围之内……

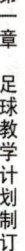

5. 足球课时学习目标表述示例

（1）内容：脚背外侧运球（小学一年级）

——能用正确的触球部位完成运球，10米内脚推拨球至少3次以上；

——能认真完成十字象限跳的课课练任务，发展协调性、灵敏性和弹跳力；

——在练习中体验和感受足球运动的乐趣。

（2）内容：脚背内侧踢地滚球（小学三年级）

——能正确做出脚背内侧踢地滚球动作，两人相距15米左右传球，传球线路不偏离接球人左右2米；

——认真完成教师布置的折返跑课课练任务，发展协调性、灵敏性和奔跑能力；

——能与同伴相互协作完成各种双人练习，表现出合作互助的意识和行为。

（3）内容：头顶球（初中一年级）

——知晓头顶球动作方法，能用正确的触球部位将同伴抛来的球顶至预定的目标；

——积极参与课课练，增强腰腹肌肉力量；

——能与同伴相互配合完成各种练习，表现出合作意识与行为能力。

（4）内容：运球过人后射门（高中二年级）

——能在积极防守条件下运用假动作突破对手并射门，5次练习能成功2次以上；

——课课练表现积极认真，增强腿部力量，发展弹跳能力；

——能按照要求完成对抗性练习，表现出良好的规则意识。

第三节　足球学习内容

如果说足球学习目标是一个"为什么教"的问题，那么足球学习内容就是一个"用什么教"或"教什么"的问题。足球学习内容是实现足球学习目标的具体途径和载体,没有具体的足球学习内容,就无法实现足球的总体学习目标。

一、足球学习内容的构成

足球学习内容是一个完整的体系,包括足球运动的起源与发展,足球运动技战术,足球竞赛的组织、编排、规则与裁判法,足球训练等诸多内容。中小学足球学习内容主要包括足球运动技战术和足球竞赛规则与裁判法常识等。根据《教学指南》的设计,中小学阶段足球学习的主要内容可归纳如下表(表1-3-1)。

表1-3-1 中小学足球学习内容概览

学段	技术	战术	知识	素质
小学	各种球感练习,各种运球、踢球与接球,传接运射组合练习,运球过人,抢截球,胸部接球,前额正面头顶球	二过一,2对1、3对2、3对3等攻防练习,小场地比赛	简单规则介绍、运动饮食、营养卫生、预防伤害、自我保护	柔韧、灵敏、协调、反应、平衡能力
初中	综合球感练习,运球与运球过人,活动中踢接地滚球、空中球、反弹球,结合射门的组合技术,对抗中多部位踢接球的灵活运用	1对1、2对2、3对3等攻防练习,角球和任意球攻防,小场地或全场比赛	足球文化与规则、裁判法介绍	速度与耐力素质
高中	对抗中的运球、控球、踢球、接球、射门等综合练习	定位球攻防、局部攻防、小场地或全场比赛、整体攻防战术分析	足球比赛欣赏与分析	力量与耐力素质

从上表可以看出,各学段足球学习内容安排是一种循序渐进的、理想化、系统化的内容分配。但在足球教学实践中,有些学生到了初中甚至高中以后才刚开始学习足球,足球技术可能还处于零起点状态。在这种情况下,体育教师可以针对学生的实际水平,适当降低要求,从较低学段的内容中选择部分内容开展教学,以适应学生的足球运动水平现状。

二、足球学习内容的层次

足球课堂教学是面向全体学生的普及性学习活动。从这一角度看,在有限的课时内是无法完成足球全部技战术内容的学习的,即使按进度教授了许多足球技战术,由于课时较少,技战术练习如蜻蜓点水、浅尝辄止,学生也难于真正掌握所学技战术。因此,我们需要对所有足球学习内容进行总体分析,确定哪些内容是学生必须熟练掌握的,不掌握就打不成比赛;哪些内容是入门就行的,能做出动作就可应对比赛;哪些内容是需要知晓的,不知晓就打不好比赛;哪些内容是需要经常锻炼的,不锻炼就难以胜任比赛。有了这样一种轻重缓急和先后主次的层次划分,我们在设计和编排足球学习内容时就会更加科学合理,教学效果也会有所提升。根据以上分析,我们把足球学习内容划分为掌握类、体验类、知晓类、锻炼类等几种类型(表1-3-2)。不同类型的内容需要安排不同的课时数量和重复出现的频率,具有不同的学习目标要求,这就为合理编排足球内容及其学习进度提供了一种有益的指导和帮助。需要指出的是,足球学习内容的类型划分是相对的,对于不同年级、不同水平的学生,足球学习内容的类型划分是可以动态调整的。

1. 掌握类内容

运球、踢球、接球以及二过一等是足球比赛中运用最多的技战术。能掌握基本的运球、踢球和接球技能,能做出二过一的动作配合,就满足了进行简单足球比赛的基本要求。所以,运球、踢球和接球是足球比赛中运用最多,也是最为重要的核心技术;二过一则是最常用的局部战术配合。体育教师还可以对运球、踢球、接球技术作进一步细分,找出多种运球、踢球、接球脚法中最常用、最好用的脚法,如脚背内侧运球、脚内侧踢球、脚背正面和脚背内侧踢球、脚内侧接球等等,把它们作为必须掌握的学习内容,在编排教学进度时安排较多的课时,反复出现,重点学练。

2. 体验类内容

体验类内容是足球比赛中有时需要运用,但运用机会相对较少,而重要程度相对较低的技术,或者是虽然也很重要,但现阶段学生还难以掌握的技术,如脚背外侧踢球、脚尖挑球、脚跟踢球、大腿接球等。头顶球、接反弹球、空中球以及较复杂的组合技术等,对于小学低年级学生也可作为体验类内容出现。体验类内容在教学中应当学练,但无须安排过多的课时,也不必花费太多精力,只要学生对动作有所体验,能够初步做出动作、知道何种情况下运用这些动作即可,以免影响和冲淡了掌握类内容的学练。

3. 知晓类内容

知晓类内容是比赛中运用较少、学生只要知晓,或即使不掌握或掌握不熟练也不影响参与比赛的足球知识和技术。例如,有的技术在比赛中虽需要运用,但学生只要能做出动作,便可应对比赛,如掷界外球;有的技术只需个别学生掌握便可进行比赛,如守门员技术;有的技术学生不掌握也不影响正常比赛,如跳起头顶球技术、铲球技术等。知晓类内容的学习无须用较多课时,教师可采用介绍性的方法组织学生学习,使学生知晓动作的做法即可。足球比赛的主要规则、比赛礼仪及其他相关知识等,也应作为知晓类内容进行学习。

4. 锻炼类内容

锻炼类内容是指发展学生身体素质的练习内容。足球运动对人的体能有较高的要求,没有良好的体能素质,就难以承受高强度比赛对人体的需求。身体素质在不同的年龄阶段表现出较快增长的特点,即素质发展的敏感期增长较快。《教学指南》中对不同学段的敏感素质提出了针对性的练习要求,体育教师应根据这些要求,利用课课练时间或结合技术练习,有针对性地安排适量的一般素质和专项素质练习,促进学生体能素质的快速发展。

表 1-3-2　足球学习内容划分概述

类型	特点描述	内容示例	课时要求
掌握类内容	比赛中运用最多、最为重要、必不可少的内容,掌握这些内容便满足了进行比赛的基本要求	脚背内外侧运球、脚内侧和脚背内侧踢球、脚内侧接球……	多排多练 熟练掌握
体验类内容	比赛中运用相对较少、重要程度相对较低,或现阶段学生还难以掌握的内容	脚背外侧踢球、大腿接球、脚尖或脚跟踢球……	少排少练 初步做出

续表

类型	特点描述	内容示例	课时要求
知晓类内容	学生不掌握或掌握较差也能参与比赛,但需要了解的内容	主要规则、比赛礼仪、守门员技术、掷界外球、铲球……	少排介绍知晓方法
锻炼类内容	为满足参与足球比赛所需要的一般和专项体能的锻炼内容	折返跑、变向跑、加速跑、绳梯练习、腰腹力量练习……	分散安排课课锻炼

三、足球学习内容的选编

1. 选编足球学习内容的基本依据

选编足球学习内容的基本依据主要有以下几点。

一是要依据《教学指南》。教育部制定的《教学指南》是根据青少年的特点和学练足球的需求,在充分考虑科学性、健身性和教育性的基础上,对各学段和年级的足球教学内容作出了比较明确的分配。虽然这种内容安排只是一种理想化的系统设计,但是给体育教师选择足球教学内容提供了很大的空间和方便,这是体育教师在选编足球学习内容时必须遵循的基本依据。

二是要依据本校实际。选编足球学习内容要从本校场地器材条件、学生班级人数和足球基础、体育传统项目等方面的实际情况出发,不能脱离实际、随意选编。学校条件对每学期和每周能安排多少节足球课有所限制,教师应在充分利用场地器材等资源条件的前提下,争取多安排足球教学课时。

三是要依据师资现状。学校体育教师的专业结构也影响着足球教学的开展,有的学校只有一名足球专项的教师,有的学校甚至一名足球专项教师也没有。在这种情况下,可以适当降低选编足球学习内容的难度和数量,注重以比较简单的足球技术和练习方法培养学生对足球运动的兴趣。同时,体育教师要加强对足球技战术的学习,不断提高足球教学能力。如果学校体育教师的足球专业力量较强,就可以适当增加选编足球学习内容的数量和难度,努力提高足球教学的水平和质量。

2. 选编足球学习内容的一般要求

足球学习内容体系庞大,我们不可能在有限的时间内学练所有的内容。选编就是根据学校实际条件和足球教学需要,对足球学习内容体系中的丰富内容作出合理选择并加以编排的过程。选编足球学习内容需要注意以下几点。

(1) 层次清晰。根据前面对足球学习内容类型所作的划分,教师在选编足球学习内容的时候,应注意内容的层次性:核心内容要多选多排,体验类内容可少选少排,知晓类内容应适当安排,锻炼类内容要以课课练形式经常出现、反复锻炼。

(2) 重点突出。在保证所选内容具有层次性的基础上,教师应突出重点,优先考虑和编排掌握类内容的课时比重,保证学生有足够的时间学练掌握类内容,能熟练掌握足球运动的重点技战术,为早日具备比赛能力奠定基础。

(3) 符合实际。所学足球内容的数量和难度要符合学校的实际条件和学生的现有水平,不能过难或过易,也不能过多或过少,应是通过师生努力之后可以实现的。

(4) 合理有序。教师在选编足球学习内容时,要根据内容的重要程度和难度大小,遵循由易到难、由简到繁、循序渐进的原则,合理安排内容出现的先后次序以及反复出现的频率,保证学生能尽快尽早地运用所学技术进行组合练习和打成小场地比赛。

3. 选编足球学习内容的一般方法

一般可按照如下顺序或步骤选编足球学习内容。

(1) 研究《教学指南》,分析现状。体育教师首先要认真学习《教学指南》中关于本学段或本年级足球内容的分配意见,认真分析本校开展足球教学的实际条件,为合理选编足球学习内容做好准备、奠定基础。

(2) 先选掌握类内容,后选其他内容。根据《教学指南》的意见和对本校实际情况的分析,首先确定重点学习的掌握类内容,如确定哪些踢球、接球和运球的方法是需要重点学练的内容等。确定了掌握类内容之后,再进一步确定体验类内容和知晓类内容。小学阶段应把球感练习和基本的运球、踢球、接球技术作为教学重点,其课时数应占足球课总课时数的80%以上。初中阶段可适当增加简单战术练习和小场地比赛的时间。高中应以组合技术练习、战术练习和小场地比赛及全场比赛为重点。

(3) 确定课时和编排顺序。当确定了掌握类、体验类和知晓类学练内容之后,就可以着手编排这些内容出现的课时数量以及先后顺序了。编排课时数量和出现顺序时,应根据总的足球教学课时量,优先考虑掌握类内容的课时、出现时间及反复出现的频率,然后再编排体验类和知晓类内容的课时与出现时间,最后把锻炼类内容有机融入课课练之中。

(4)制订计划,准备实施。把按照以上思路所作的内容安排,分别编写成学期教学进度计划,作为制订单元教学计划和课时教学计划的依据与基础,并准备付诸教学实施。关于各种教学计划的制订,我们将在第三节作详细介绍。

第四节 足球教学方法

足球教学方法是在足球学练过程中,教师怎么教和学生怎么学的具体行为表现,是发出和接收教学信息以及通过身体练习掌握足球知识技能、发展体能和培养品德的各种具体途径与手段。足球教学是体育与健康课程教学的重要内容之一,足球教学方法是体育教学方法在足球教学中的具体应用。

教学方法是教法和学法的统称。一般来说,教法的行为主体是教师,如讲解、示范、纠错、提问等;学法的行为主体是学生,如听讲、观察、讨论、练习等。在课堂教学活动中,教法和学法是相互联系、不可分割的有机整体。例如,教师在运用示范法向学生展示运球技术时,学生则是在观察教师的运球动作,为下一步模仿练习奠定基础;教师在运用语言法讲解某个踢球动作要领的时候,学生是在聆听教师的讲解,知晓和理解相关踢球动作的知识。而学生在从事各种练习的时候,教师则在巡回指导,用语言、提示、纠错等方法指导学生练习。在以教师为主导、学生为主体的足球教学活动中,教师应特别注意加强对学生的学法指导,促使学生的学习活动更加有效,不能使教法和学法相互脱离。

教学方法的分类不尽相同,本书把足球教学方法大致分为技能学习的方法、体能锻炼的方法和品德培养的方法。

一、技能学习的方法

1. 语言法

语言法是指教师通过各种语言形式向学生发出教学信息、传授足球知识技能、促进学生身心发展的教学方法。例如,运用富有启发性、鼓动性的语言导入新课,向学生讲解有关动作要领,指导学生进行各种练习或纠正动作错误,发出指挥调动队伍或调控练习的口令,等等,这些都属于语言法。

2. 演示法

演示法是指教师通过人体、图片、视频或模型等教具向学生展示所学内容的教学方法。例如,教师自己或指派学生做动作示范,向学生展示所学动作的图片或模型,播放所学技战术动作的视频,等等,这些都属于演示法。教师本人向学生作出正确的动作示范是运用最多、最生动直观、效果最好的演示方法。

> **知识窗**
>
> **动作示范是学习运动技能的重要方法**
>
> 运动心理学研究证明,在运动技能的学习中,动作示范比其他手段更加有效。
>
> 有研究证明,同伴的示范更有利于技能的学习。观察同伴示范的好处可能在于:观察者不是盲目模仿示范者的技能操作,而是更多地结合了自身的情况以求得动作技能的完成。

3. 练习法

练习法是指学生在教师指导下从事各种各样的身体练习的方法,是学生掌握动作技能必不可少的重要方法。从不同的视角出发,可以划分出不同的练习方法类型,足球课常用的练习方法一般有:

(1) 尝试练习与模仿练习

尝试练习是指学生按照教师提出的要求或布置的任务,在没有观看教师动作示范的情况下尝试性进行练习。尝试练习有助于启发学生思考,激发练习兴趣,培养发现问题的意识和能力。如让学生尝试性体验头顶球动作方法,并说出正确的顶球部位应该是哪里。

模仿练习是指学生在观看技战术动作的示范之后,模仿性地进行该动作的练习。如教师在示范脚内侧踢球动作之后,让学生模仿练习脚内侧踢球动作。

(2) 重复练习、变换练习与持续练习

重复练习是指在相对固定的条件下,让学生按照一定要求反复进行某种练习。一般来说,重复练习在两次练习中间有一定的时间间隔。重复练习法是足球教学中最常用的练习方法。例如,学生两人一组,反复练习脚背内侧踢球动作,就属于重复练习法。

变换练习是指在改变条件的情况下进行反复练习,是重复练习的变化和提升。例如,练习脚内侧踢球时,让学生改变传球的距离、加快踢球的速度,或由踢静止球改为踢滚动球,或增加防守因素等,这些就是变换练习的方法。

持续练习是指连续不断地进行某项练习。例如,连续绕球场运球3分钟,连续颠球3分钟等,这3分钟时间的运球或颠球就是一种持续性的练习。

> **知识窗**
>
> **重复练习还是变换练习**
>
> 体育心理学研究认为,采用变换练习的方法,如改变传球的距离、改变球的状态、增加防守条件等,比固定条件下的重复练习效果好。因此,当学生能初步做出所学动作后,教师应适时变换练习的条件,提出更高的练习要求,以求更好的学习效果。

(3) 分解练习与完整练习

分解练习是指把较为复杂的技战术动作分解成若干部分或段落,分别进行练习。如在组合性练习中,先练习踢球射门,再练习运球绕杆,然后把运球绕杆和射门连续完成,这就是一种先分解后完整练习的方法。

完整练习是指不拆分动作的完整结构,从头至尾完整地练习整个动作。例如,教师演示了脚背外侧运球动作示范后,让学生按照要求完整地练习脚背外侧运球。足球技术动作的教学中,较多运用完整练习法。

必须指出的是,足球中的传球、接球、射门等动作都属于快速完成的、非连续性的单个动作,虽然这些动作也可拆解成若干部分进行分解练习,但分解的动作与原本的整体动作是不同的,如果硬要进行分解练习,可能就破坏了动作的基本特性,改变了动作原有的力学模式和动作程序。所以,这种分解练习不仅对技能学习无效,甚至对技能的整体学习有害。

> **知识窗**
>
> **分解练习还是完整练习**
>
> 　　体育心理学研究认为,对于速度较慢的、动作各部分之间影响较小的连续动作,采用分解练习是有效的。而对于短时间的快速动作,由于动作各部分之间关联度较高,最好让学习者尽快进入完整动作练习。

（4）对抗性练习与合作性练习

对抗性练习是指在攻防对抗条件下进行的练习。例如,两人一组,一攻一守练习运球突破;"溜猴"游戏;等等。在学生初步掌握所学动作技能后,教师应及时设计安排对抗性练习,以培养学生在攻防对抗条件下合理运用技术的能力(图1-4-1)。

合作性练习是指学生在相互帮助、协作条件下进行的练习。例如,两人一组行进间传接球;两人一组,一人抛球,一人头顶球;两人一组,一人踩球,一人反复体会踢球动作;等等。合作性练习一般多用于学习初期和需要相互配合的练习(图1-4-2)。

图 1-4-1　对抗性练习

图 1-4-2　合作性练习

（5）游戏练习与比赛练习

游戏练习是指采用游戏的方法进行各种练习，如"溜猴抢圈"、三传一抢、运球接力、射门比准等游戏。游戏练习比较吻合小学生的身心特点，也是小学阶段运用较多的练习形式。

比赛练习是指在比赛条件下进行练习，以活动巩固提高所学技战术动作，培养学生的技战术应用能力。如小场地5对5、8对8比赛，只许传球不许运球的特定规则比赛等。比赛练习是最受学生喜爱和欢迎的练习形式，如学校场地条件允许，教师应多安排比赛活动。

4. 纠正错误法

纠正错误法是指教师针对学生在练习中发生的动作错误及其原因，采用相应的方法纠正错误的教学方法。引起错误的原因一般有练习时间不够、动作要领不清、身体素质薄弱、练习方法不当等。纠正错误的方法一般有加强专门练习、理解动作要领、增强身体素质、改进练习方法以及信号提醒、给予助力、观察模仿、提示要领等等。

教师在纠正动作错误时，首先应分析发生动作错误的原因，然后采取有针对性的方法加以纠正。教师要允许学生出现动作错误，要明白有些动作错误是练习时间不够引发的,随着练习进程的发展会逐步消失。纠正学生动作错误时要认真分析、细心纠错、耐心指导,而不能厌烦、训斥。

二、体能锻炼的方法

足球课上的体能锻炼往往与技术练习融为一体,练习技战术的过程同时也是增强体能的过程。但为了更有效地发展学生的足球专项体能,一般可采用课课练的方式,集中安排体能练习,以取得更好的锻炼效果。一些体能锻炼的方法和教学中的练习法有些相似,但体能锻炼时更注重练习的间歇时间、重复次数、距离、重量、速度等负荷因素。足球课常见的体能锻炼方法有以下几种:

1. 重复锻炼法

重复锻炼法是指按一定的负荷标准,重复进行某项练习的方法。重复的次数和时间,是决定锻炼效果的重要因素。例如,快速完成 10 次元宝式腹肌练习;5 米+10 米折返跑,短暂休息后重复练习 4 次;等等。重复锻炼时应根据内容特点和学生的体能现状,合理确定和调节重复练习的次数和时间,防止因机械重复而导致学生产生厌倦情绪,从而影响了锻炼效果。

2. 循环锻炼法

循环锻炼法是指教师设置若干个练习点,每个点都有不同的练习内容和要求,要求学生依次完成每个点的练习任务,做完一轮练习后再重复进行下一轮练习。例如,快速俯卧撑 5 个—跳绳 30 次—俯卧两头起 10 次—跳起模仿头顶球动作 5 次—绳梯练习 1 次,为一个循环,要求学生完成一个循环练习后,稍事休息再继续下一轮练习。循环练习可有效加大练习密度,提高练习兴趣。20 世纪 80 年代,循环练习法曾在我国中小学体育课上广泛流行。

3. 变换锻炼法

变换锻炼法是指在变换环境、条件、要求等情况下进行锻炼的方法,如变换跑步的速度、路线、领头人,变换运球的路线、障碍、难度等。采用变换锻炼法可以有效地调节运动负荷,克服疲劳和厌倦情绪,提高锻炼的积极性。

4. 持续锻炼法

持续锻炼法是指连续不断地进行某项练习的方法。例如,连续绕练习场地急

起急停快速跑3分钟;两人一攻一守进行运球突破练习,抢球成功后两人交换角色练习,持续3分钟;等等。持续练习可有效发展心肺功能,增强一般耐力,磨炼意志品质。

课课练时间一般为5～10分钟。如何根据足球课学习内容、学校实际条件、学生体能水平等因素,利用短暂的课课练时间合理设计锻炼的内容、方法和形式,有效组织学生进行身体素质锻炼,是每个体育教师面临的重要课题。我们将在足球课堂教学实施一章中对课课练问题进行专门讨论。

三、品德培养的方法

足球课上对学生品德的培养,应充分利用足球运动的育人功能,重点培养学生遵守规则、公平竞争、合作互助、勇敢顽强、积极进取、挑战自我、追求卓越等良好体育品德。足球课上常用的品德培养方法主要有以下几种:

1. 说服教育法

说服教育法是指通过摆事实、讲道理的方法,对学生晓之以理、动之以情,使其提高认识,形成正确的思想认识和行为习惯。足球课上常用的说服教育法主要有总结讲评、个别谈话、集体指导、专题讨论、观摩比赛等。

2. 榜样示范法

榜样示范法是指以他人的良好思想行为来影响学生的方法。一般可以用伟人和著名运动员的事迹、学生中涌现出的良好行为等作为示范的样本,使学生羡慕、崇敬并模仿。教师自身的行为对学生也具有榜样示范的作用,即"其身正,不令而行;其身不正,虽令不从"。

3. 情景熏陶法

情景熏陶法是指通过创设良好的练习情境和氛围,潜移默化地培养学生体育品德的方法。例如,上课时,严格执行课堂常规;练习中,同学们积极踊跃,不畏困难,坚持不懈;游戏和比赛中,严格遵守规则,服从指挥;比赛中,尊重对手,尊重裁判,尊重观众;在练习场地周边设置醒目的标语口号;等等。这些都可以产生情景熏陶的作用。

4. 实践磨炼法

实践磨炼法是指教师组织学生从事各种形式的身体练习，在运动实践中使学生经受意志磨炼、接受各种考验，以培养良好的体育品德的方法。足球课以身体练习为主要手段，身体在运动中要经历各种考验和磨炼，如遵守规则、勇敢顽强、自我克制、吃苦耐劳等。这些对于培养学生坚强的意志品质和良好的品德有积极的影响，是足球课中应用最多的德育方法。

5. 评价激励法

评价激励法是指教师根据一定的要求和标准，对学生的行为进行肯定或否定的评价，促使学生发扬优良行为、克服不良行为、督促其不断成长进步的方法。评价激励的方法主要有口头表扬、精神奖励（奖励得分、小红星等）、批评教育、个别谈话、写出检查、出示黄牌（游戏或比赛中）、物质惩戒（赔偿故意损坏的体育器材）等。

四、足球练习方法的创编

学生学习足球运动技战术的最主要方法是练习法，用什么方法练习、如何组织学生练习是足球教学方法的重要构成要素。通过分析足球练习的构成要素，我们可以把握足球练习的设计思路与技巧，可以根据教学目标、对象、条件的不同来有机组合这些因素，从而创造性地设计出更多合理有效的、最适合教学目标和教学对象的练习方法，以利于知识、技能信息的传递和帮助学生掌握足球运动技能。

1. 足球练习方法的构成

一套足球练习的方法是由若干要素构成的。分析这些练习的构成要素，可以帮助我们创编新的练习方法与形式。足球练习的构成一般包括下列要素：

（1）活动状态

一是原地。原地是指学生原地完成所学技术动作，初学某项技术动作时多采用此种方式。例如，学习踢球时，首先进行原地的无球模仿练习，目的在于体会摆腿、击球的动作，建立一个初步的动作表象，为下一步动作的学习打下基础。然后，可以采用一名队员踩着固定球，另一名队员踢固定球的方法，体会击球的部位和方法。

二是移动。移动是指学生在有位移的运动中完成技术动作，这种活动方式适用于巩固、提高技术动作。在此种活动方式中，学生活动的路线可进行变化，如活动路线由直线变为曲线、由不换位到换位等。学生活动的范围,可随着学生的技术水平的提高逐渐加大。

(2) 活动速度

活动速度是指学生完成练习时的奔跑速度、动作速度及组合技术中单个技术动作的连接速度。在练习的过程中,教师应根据学生掌握技术动作的情况,要求学生由慢到快、逐步加速,逐渐实现跑动快、完成动作快、动作衔接快的目标。

(3) 动作组合

在练习过程中,学生是完成单个技术动作好还是完成组合技术动作好呢?初学者多以完成单个技术动作为主,随着技术水平的提高,可逐渐进行组合技术动作练习,如接球—运球—传球、接球—运球—突破—射门等。

(4) 动作数量

动作数量是指练习时对完成指定动作的次数与时间有没有限制、要求等的情况。在学生初步掌握动作之后,一定要让学生多次重复完成技术动作,以加快运动技能的发展,形成动力定型。教师可以采用看谁先完成规定次数、看谁在规定的时间内完成的次数最多等方法激励学生练习。

(5) 练习人数

同一练习方法,参与练习的人数越多,练习密度就越小;参与练习的人数越少,则密度越大。一些跑动中完成的练习,参与的人数越多则活动方式可能越复杂,练习难度也就大。因此,初学时多以同时参与人数较少的练习为主,以有利于掌握和巩固提高技术。在巩固提高阶段,既可安排人数少的练习,便于巩固提高技术,也可安排人数多、活动方式稍复杂的练习。例如,在学习脚内侧踢球时,可先进行两人一组的传、接球练习,再进行三人一组的传、接球练习、四人一组传、抢球练习,最后进行三对三传、抢球练习。

(6) 对抗强度

对抗强度是指练习时攻防对抗的激烈程度。一般应从无对抗练习入手,逐渐增加对抗因素,并逐步增加对抗强度,以促使学生适应比赛的需要,提高在激烈的比赛实战中运用技战术的能力。如运球过人练习时,先从无人防守开始,再转为消极防守,然后从消极防守转为积极防守。

（7）辅助器材

练习时使用不使用辅助器材呢？练习时要适时利用有利于完成技术动作的器材，如标志杆、标志筒、标志盘、足球墙、小球门、吊球架等，以增加练习的目的性和控制性，帮助学生掌握某一技术动作。

（8）限制范围

利用足球场地的区、线、圈或另外设计一些区、线、圈等，可限制学生练习的范围，便于组织教学，又可发展学生对场地大小的空间感知能力。

（9）练习信号

教师在组织教学时可利用哨音、口令、手势等信号指挥、控制或改变学生的练习过程。对初学者，教师应多采用口令、哨音等听觉信号；在巩固提高技术动作时，可采用手势、动作等视觉信号，以提高练习难度，并培养学生在比赛中运用多种感官观察场上情况的良好习惯。

（10）练习次序

练习次序问题是指学生在练习时是同时进行还是依次进行，以及依次练习的间隔时间等问题。练习次序会影响到练习的密度。一般情况下，同时练习密度较大，依次练习密度较小。间隔时间越短，练习密度越大；间隔时间越长，练习密度越小。

2．足球练习方法的创编

通过以上对足球练习构成要素的分析，我们不难发现，改变以上所有要素中的一个或一个以上要素，如改变练习信号、增加辅助器材、增加对抗因素、改变练习次序等，都可以使练习发生变化，从而产生出新的练习和新的效果。下面就举例进行分析。

示例1：脚内侧传接球

（1）两人面对面，一人踩球，一人踢固定球，体会脚的触球部位。

（2）两人面对面，原地踢静止的球（改变球的状态）。

（3）两人面对面，助跑几步踢静止的球（改变人的状态）。

（4）两人面对面，左右移动中踢对面滚来的球（改变人和球的状态）。

（5）两组面对面，踢球后快速跑向对方队尾（改变人的状态和速度）。

（6）两组面对面，踢球穿过有障碍物摆放的"小球门"（增设器材）。

（7）四人一组，三人相互用脚内侧传接地滚球，一人在中间抢球破坏（增加对抗因素)。

示例2：运球

(1) 纵队站立,以中等速度依次用脚背正面向前方直线运球。

(2) 纵队站立,用较快速度向前方直线运球(改变速度)。

(3) 横队站立,前排学生同时出发,练习直线运球(改变次序)。

(4) 横队站立,听哨音,在运球中改变方向(增加信号、改变动作)。

(5) 横队站立,看教师手势,在运球中改变方向(改变信号方式)。

(6) 两人一组一球,一人消极防守,一人尝试性运球过人(增加对抗因素)。

示例3：运球变向过人

(1) 在运球路线上放置标志桶,练习者运球变向过标志桶。

(2) 两人一组,一人防守但不破坏运球,一人运球变向过人(用人替代器材)。

(3) 两人一组,一人做左右移动的防守,一人运球变向过人(增加对抗因素)。

(4) 三人一组,两人前后站立相距8米左右做消极防守,一人运球连续过两人(改变练习人数)。

(5) 两人一组,一人积极防守,一人运球过人(提高对抗强度)。

(6) 运球过人后将球传给跟进同伴或射门(改变动作组合)。

通过以上示例可以看出,只是改变了练习的某一要素,练习的难度或者形式便发生了变化,一种新的练习形式就产生了。体育教师应学会灵活应用和改变各种练习要素,根据学校具体情况、具体目标以及具体需求,创造性地设计足球的练习方法(表1-4-1)。

体育教师在设计和运用足球练习方法时,一般应采用如下顺序安排练习活动：先原地,再位移；先慢速,再快速；先单一,再组合；先听觉信号,后视觉信号；先无对抗,再低强度对抗,然后高强度对抗；先无人防守,再消极防守,然后积极防守。

表 1-4-1　足球练习的构成要素及其变化

要素	示例	要素的变化示例
活动状态	原地、移动、快速跑动等	原地练习改为移动练习,直线移动改为曲线移动
活动速度	慢速、中速、快速等	慢速完成动作改为中速或快速完成动作
动作组合	接—运—传、运—突—射等	单个动作练习改为两个动作或更多动作的组合练习
动作数量	五次、十次、无要求等	练习次数由少变多,无数量要求改为有数量要求
练习人数	四人一组、六人一组等	两人一组传、接球改为多人一组传、接球,增加跑动因素
对抗强度	无防守、消极防守、积极防守等	无防守改为有防守,消极防守改为积极防守
辅助器材	标志盘、标志桶、立柱等	设置标志桶作为假设防守人,设置立柱作为绕杆运球
限制范围	中圈、标志线、半圆等	在规定的区域内练习,沿画好的线路运球
练习信号	手势、哨音、口令等	听信号练习改为看信号练习,再改为看手势变化动作
练习次序	依次、同时、循环等	依次练习改为同时练习,缩短或延长练习时间间隔

第五节　足球教学计划

　　教学计划是教学设计结果的具体呈现形式,是把头脑中的设计结果变成纸质文档或电子文档,是有序开展教学工作的基本依据。教学计划一般包括学段教学计划、学年教学计划、学期教学计划、单元教学计划和课时教学计划等形式。本节重点讨论学期教学计划、单元教学计划和课时教学计划的制订。

一、学期教学计划的制订

　　学期是学校工作周而复始的一个基本单位,学期教学计划既是学段教学计划、学年教学计划在每个学期的具体落实,也是制订单元教学和课时教学计划的重要依据,具有承上启下的重要作用。

　　学期教学计划主要是根据学段教学计划和学年教学计划的总体安排,确定本学期各项学习内容的具体进度及课时数量等。制订学期足球教学计划时,应该以《教学指南》为基本依据。《教学指南》中提供的每学期学习内容多达 20 个学时,是一个可以选择的内容资源库。各校可以根据本校情况以及实际上课时数,选择性确定本校一个学期的具体教学时数和内容。

制订学期足球教学计划需要注意以下几点：

1. 同时考虑单元的划分

制订学期教学计划时要考虑如何进行单元划分的问题，要根据所学技术的难度和联系性设计不同课时的单元，并把同一单元的内容连续安排在一起，以便系统地组织教学活动。

2. 考虑季节、气候的变化

安排学习内容的出现时间时，要考虑季节、气候的影响。如跑动运球、对抗性练习、游戏、比赛之类负荷较大的活动适宜放在冬季进行，而原地传接球之类负荷不大的活动适宜放在天热的时候进行。

3. 适当留出机动时间

要留出一定的机动时间，不能把所有时间全部安排满，要考虑节假日、复习考试、天气等因素的影响。另外，还要安排一定的室内课时向学生讲授足球运动知识，要对本学期考核评价的内容与课时作出安排或留出机动时间。

4. 合理编排足球课时

考虑到中小学校足球场地一般较小和班级和学生人数较多的现实，为避免场地冲突，学校既可以按照每周一节足球课的方法安排教学进度，也可以把一学期的足球课时集中安排，连续上完。这样，不同的年级可以在不同的时段上足球课，以解决场地冲突问题。

学期教学计划的格式是多种多样的，一般多采用表格式教学进度计划。下面提供的学期足球教学进度计划是根据《教学指南》提供的学期学习内容改编而成的，是一种反映了足球教学内容安排及课课练内容的简明计划，供老师们在教学实践中参考使用（表1-5-1，表1-5-2，表1-5-3）。在实际工作中，只要能明确各项学习内容的出现时间和具体时数，使开展教学工作有明确依据，具体的学期教学计划格式可以自行设计。

表 1-5-1　小学一年级学期教学进度计划样例

课次	学习内容	体能锻炼内容
1	手和脚前掌搓滚球游戏	变向跑、后退跑等灵敏的练习
2	脚底虚踩球跳过游戏	变向跑、后退跑等灵敏的练习
3	单脚前脚掌踩球、拉球	前后、左右跳越直线
4	脚内侧原地横拨球	前后、左右跳越直线
5	脚内侧行进横拨球	绳梯练习
6	脚背内侧原地绕圈运球	绳梯练习
7	脚背内侧左右脚原地绕圈运球	压腿、踢腿等柔韧性练习
8	脚背内侧扣球转身	压腿、踢腿等柔韧性练习
9	脚背内侧运球,换脚扣球变向运球	后退跑、转身加速跑
10	原地脚内侧传球,脚前掌接球	后退跑、转身加速跑
11	活动中脚内侧传球、接球	体前屈、劈叉等柔韧性练习
12	原地脚内侧踢准比赛	体前屈、劈叉等柔韧性练习
13	原地双脚脚内侧传球、接球	发展灵敏、反应能力的游戏
14	前后活动中脚内侧传球、接球	发展灵敏、反应能力的游戏
15	左右活动中脚内侧传球、接球	体前屈、跪坐后躺等柔韧性练习
16	脚内侧传球、接球、运球组合	体前屈、跪坐后躺等柔韧性练习
机动	考核、足球运动知识介绍及其他内容	

表 1-5-2　初中一年级学期教学进度计划样例

课次	学习内容	体能锻炼内容
1	球感练习,脚内侧踢、接地滚球	变向跑、折返跑
2	球感练习,脚内侧踢、接地滚球、空中球	变向跑、折返跑
3	脚背正面踢定位球,脚内侧接反弹球	十字象限跳、腰腹力量练习
4	变速运球过人,脚背内侧踢球	十字象限跳、腰腹力量练习
5	变速运球过人,小场地比赛	绳梯练习、30 米冲刺跑
6	假动作运球过人,小场地比赛	绳梯练习、30 米冲刺跑
7	角球传中,小场地比赛	5 米＋10 米＋15 米折返跑
8	脚背正面接空中球射门,小场地比赛	5 米＋10 米＋15 米折返跑
9	脚背内侧接球后运球射门,小场地比赛	10 米后退跑转身加速跑

续表

课次	学习内容	体能锻炼内容
10	介绍守门员基本技术,小场地比赛	10米后退跑转身加速跑
11	介绍掷界外球,小场地比赛	十字象限跳、腰腹力量练习
12	1对1攻防的护球、摆脱,小场地比赛	十字象限跳、腰腹力量练习
13	踢墙式二过一,小场地比赛	追逐跑等发展速度的游戏
14	二人进攻配合,小场地比赛	追逐跑等发展速度的游戏
15	二人防守配合,小场地比赛	围绕小场地变速跑
16	局部5人攻防配合,小场地比赛	围绕小场地变速跑
机动	考核、足球运动知识介绍及其他内容	

表1-5-3 高中一年级学期教学进度计划样例

课次	学习内容	体能锻炼内容
1	运球变向、变速、转身	俯卧撑,10米折返跑
2	运球变向、变速过人	俯卧撑,10米折返跑
3	脚内侧踢地滚球、空中球、反弹球	平板支撑,变速跑
4	对抗情景下的综合传接球练习	平板支撑,变速跑
5	对抗情境下的运球、传球组合练习	绳梯练习,立卧撑等力量练习
6	运球过人后射门,小场地比赛	绳梯练习,立卧撑等力量练习
7	运球过人后射门,小场地比赛	5米+10米+15米折返跑
8	二过一后射门,小场地比赛	5米+10米+15米折返跑
9	2对2个人进攻,小场地比赛	围绕小场地变速跑
10	2对2个人防守,小场地比赛	围绕小场地变速跑
11	边路进攻介绍,小场地比赛	腿部、腰腹力量练习
12	边路防守介绍,小场地比赛	腿部、腰腹力量练习
13	中路进攻介绍,小场地比赛	力量练习,围绕小场地变速跑
14	中路防守介绍,小场地比赛	力量练习,围绕小场地变速跑
15	433基本阵型的11人制比赛	机动
16	433基本阵型的11人制比赛	机动
机动	考核、足球运动知识介绍及其他内容	

二、学期体育教学进度的混合编排

我们在讨论足球学习内容和课时安排的时候,不能忘记足球是体育教学的重要内容之一,但不是全部。在学校体育教学实际工作中,足球课的教学进度往往是和其他内容的体育课混合在一起进行编排的。混合编排学期体育教学进度计划时,足球课的教学进度可采用不同的方式来编排,常见的编排方式有三种:一是集中编排(表 1-5-4),即把足球课时连续集中安排在一起,直到本学期所有足球课时上完为止;二是分散编排(表 1-5-5),即每周安排一节或两周安排一节足球课时,持续一个学期;三是先集中后分散的编排(表 1-5-6),即先连续集中安排几周的足球课时,再分散安排足球课进行复习。具有关研究显示,先连续集中安排部分课时进行学练,然后再分散安排一些课时进行复习的编排方式,更有利于学生掌握足球运动技能,能取得更好的学习效果。下面提供三份分别按照集中编排、分散编排、先集中后分散方式编排的学期教学进度计划,供老师们在编排本校的体育教学进度计划时参考使用。

表 1-5-4　集中编排足球课时的学期体育教学进度(供参考)

内容	周次与课时																合计
	1	2	3	4	5	6	7	8	9	10	11	12	13	14	15	16	
足球			3	3	3	3	3	1									16★
跳远										2	2						4★
实心球													2	2			4
技巧															2	2	4
篮球								2	3	1	1	3	1	1	1	1	14★
队列与广播操	3	3															6
备注	1. 每周按 3 个课时编排教学进度。2. ★标记为考核项目。3. 体育与健康知识教学机动安排																

表 1-5-5　分散编排足球课时的学期体育教学进度（供参考）

内容	周次与课时																合计
	1	2	3	4	5	6	7	8	9	10	11	12	13	14	15	16	
足球	1	1	1	1	1	1	1	1	1	1	1	1	1	1	1	1	16★
跳远										2	2						4★
实心球														2	2		4
技巧						2	2										4
篮球				2	2			2	2			2	2			2	14★
队列与广播操	2	2	2														6
备注	1. 每周按3个课时编排教学进度。2. ★标记为考核项目。3. 体育与健康知识教学机动安排																

表 1-5-6　先集中后分散编排足球课时的学期体育教学进度（供参考）

内容	周次与课时																合计
	1	2	3	4	5	6	7	8	9	10	11	12	13	14	15	16	
足球			3	3	3	1	1			1	1			1	1	1	16★
跳远										2	2						4★
实心球														2	2		4
技巧						2	2										4
篮球								3	3			3	3			2	14★
队列与广播操	3	3															6
备注	1. 每周按3个课时编排教学进度。2. ★标记为考核项目。3. 体育与健康知识教学机动安排																

二、单元教学计划的制订

1. 什么是单元教学

单元是一段时间和一部分内容的集合。单元教学是一种基本的教学单位或形态，是一个具有相对独立性和完整性的教学系统。足球单元教学设计是对若干课时的教学活动所做的整体规划。当我们制订学年和学期的教学计划时,我们会把某一个主题的内容,或者相互之间有关联的内容集中编排在一起,并根据难度和需要安排数量不一的课时,这实际上就是一种单元教学的初步思路。通俗地说,单元教学就是把同一学习内容或相互关联的若干教材内容集中、连续地安排在一个时间段内进行系统化学习的教学系统。

足球运动技能需要反复和经常练习才能熟练掌握,零打碎敲、蜻蜓点水似的教学不利于学生学习掌握足球运动技能。因此,采用单元教学的方法,把某个或某些有关联的足球运动技能安排在同一个单元内进行学习,由于时间相对集中、连续,更有利于学生系统牢固地学习掌握足球运动技能。

2. 单元教学设计的步骤与内容

足球的单元教学设计一般应遵循以下步骤,思考和规划相应内容。

(1)根据学期教学计划,确定单元教学的内容、目标以及总课时数。教师应根据上本学期教学计划的总体规划,确定本单元的主要学习内容,设置知识技能、体能和情意等方面的单元目标,以及需要的总课时数量等。

(2)确定每次课的具体学习内容、目标以及重难点。教师应根据总的课时划分,根据循序渐进的原则,确定每一次课的具体学习内容、课课练内容和要达到的目标要求,并分析确定学习内容的重难点。

(3)确定每次课的主要教学方法、注意事项等。在完成以上设计的基础上,确定每一次课要采用的主要措施、教学方法、课课练方法以及场地器材等。

(4)确定单元考核的内容、方法及标准评价。如果本单元教学安排有考核内容,还要对具体考核时间、考核内容、考核方法以及评价标准等作出相应安排。

(5)将以上所有规划好的内容填写在单元教学计划的表格内(参见单元教学计划样例)。

3. 单元教学计划的编写

单元教学计划的编写是要把本单元的课次划分、课次学习内容、学习目标、主要方法或建议、课课练等内容作出合理分配,并用表格的形式加以呈现。单元教学计划的格式有简有繁,多种多样,关键是要能清晰、明确地将设计的结果加以呈现。

下面按照由简略到详尽的顺序,列举几种不同的单元教学计划样例供参考(表

1-5-7,表1-5-8,表1-5-9)。

单元教学计划样例1

表1-5-7　初中一年级：假动作运球过人

学习目标	1.基本掌握假动作运球过人方法,消极防守条件下过人成功率达70%;2.通过绳梯、折返跑等课课练内容,发展身体灵敏性、协调性和快速奔跑能力;3.能与同伴合作完成各种双人练习,表现出协作意识和互助精神	
课次	学习内容	课课练
1	运球变向假动作	绳梯练习
2	运球变速假动作	绳梯练习
3	假动作运球过人	5米+10米折返跑×3组
4	运球过人、射门组合	5米+10米折返跑×3组
5	运球变向假动作过人、射门组合	1分钟快速立卧撑×2组
6	运球变速假动作过人、射门组合	1分钟快速立卧撑×2组

单元教学计划样例2

表1-5-8　小学二年级：脚内侧运球,扣球变向运球

学习目标	1.初步掌握脚内侧运球、扣球变向运球的动作方法,能在慢速跑动运球中完成扣球变向运球;2.发展身体灵敏性、协调性,提高奔跑能力;3.能积极参与各种练习,体验足球运动的乐趣		
课次	内容	技能目标	主要方法
1	脚内侧运球、扣球变向运球	体验并初步掌握脚内侧运球、扣球变向运球的动作方法	1.各种球感练习 2.复习脚内侧运球 3.示范脚内侧运球、扣球变向运球 4.反复模仿练习
2	脚内侧运球、换脚扣球变向运球	初步掌握脚内侧运球、换脚扣球变向运球的动作方法	1.各种球感练习 2.复习脚内侧运球、扣球变向运球动作 3.示范换脚扣球变向运球,模仿练习
3	复习脚内侧运球、扣球变向运球、小场地比赛	在比赛中体验和运用扣球变向运球技术	1.复习换脚和不换脚的扣球变向运球 2.小场地比赛,比赛中体验运用扣球变向运球技术

单元教学计划样例 3

表 1-5-9　小学三年级：脚背内侧踢地滚球，脚内侧接球

内容	脚背内侧踢地滚球、脚内侧接球					
目标	1.能够说出所学动作名称及术语,初步掌握脚背内侧踢地滚球和脚内侧接球的动作方法;2.发展速度、力量、灵敏和协调等身体素质,提高身体基本活动能力;3.培养机智果断、遵守规则、相互协作等良好品质					
重点	脚法正确,部位准确		难点	动作的准确性和连贯性		
课时	内容	目标	重难点	主要方法	课课练	
一	原地脚背内侧踢地滚球,脚内侧接球	1.熟悉足球,知晓简单术语;能用脚背内侧踢出有一定速度的地滚球 2.发展学生的灵敏、协调等体能素质 3.能与同伴合作练习,在踢球活动中表现出自信,体验运动的乐趣和成功感	重点:支撑脚的站位 难点:支撑与击球动作的衔接	1.提问式导入教学,启发引导学生模仿学练 2.利用讲解示范、挂图加强对踢球动作的理解 3.脚背内侧做部位标记,帮助学生找准击球位置 4.结合游戏,提高身体素质	"螃蟹赛跑"	
二	助跑脚背内侧踢球、脚内侧接球	1.改进、提高脚背内侧踢球技术,能用脚内侧准确地接球 2.发展腰腹力量、灵敏性等身体素质 3.培养学生果断、勇于克服困难的品质,强化合作与竞争意识	重点:准确的脚型与触球部位 难点:接球时及时后撤切挡	1.讲解式导入教学 2.启发诱导,概括归纳,讲解示范,提出要求 3.鼓励展示,合作交流 4.个体与分组相结合,多种方法进行练习 5.反复练习,熟练掌握动作,并能够运用	仰卧举腿、"看谁运球多"	

续表

课时	内容	目标	重难点	主要方法	课课练
三	1. 复习脚背内侧踢球 2. 射门	1. 提高脚背内侧踢球的准确性,目标命中率达60%以上 2. 发展学生灵敏、协调、力量等素质 3. 培养学生果断、"胜不骄,败不馁"的优良品质和公平竞争意识	重点:支撑脚的位置,踢球腿的摆动和脚触球的部位、力量 难点:射门的准确性	1. 语言引导学生进入射门学习,指导学生学练 2. 采用激趣引导、生生竞赛、师生竞赛、分组学习交流的方法,激发学习热情 3. 通过优生示范、教师引导提示,加深对该动作的理解 4. 教师提出不同的要求,逐步增加难度	8米×4折返跑
四	考核	1. 了解测试目的及要求 2. 用正确的动作完成踢球测验,进一步改进动作技术 3. 积极与老师配合,认真、严肃地对待自己的成绩		1. 精心策划测试项目的组织形式 2. 安排好考核的活动内容与形式 3. 认真做好考核成绩的即时评价	

三、课时教学计划的制订

(一)设计课时教学计划的一般步骤与内容

足球课时教学设计是针对一节课的课堂教学活动所作的具体规划。课时教学计划一般涉及教材、学生、目标、重点、难点、方法、步骤、场地器材、负荷等诸多要素。足球课时教学设计的一般步骤及相应内容大致如下:

1. 明确具体内容

根据学期或单元教学计划，进一步明确本节课的具体学习内容。明确内容要具体准确，不能含糊不清。如"足球的传接球技术"就不如"脚内侧传接球"清晰、准确，"脚内侧传接球"又不如"移动中脚内侧传球、接球"更加清晰、准确。本次课如安排有辅助教材内容或课课练内容，也可明确作出安排，如"移动中脚内侧传球、接球；课课练：绳梯练习"。

2. 分析教材

没有对教材内容的正确和具体分析，就难以有针对性地制订具体教学目标和选择合理的教学方法。分析足球教材内容可从以下几个方面入手。

（1）分析教材价值

校园足球运动对于实现立德树人这一根本任务具有独到作用。充分挖掘和利用校园足球运动的健身价值和教育价值，通过学练足球运动的开展，促进学生全面、健康发展，是每一个体育教师应尽的职责。认真分析挖掘和利用校园足球运动的独特价值，是发挥体育与健康课程育人功能的重要前提和必然要求。

我们一般可从健身性和教育性两个方面对足球教材价值进行分析。体育教材一般都具有健身价值，但健身作用并不相同。具体的足球运动技能对促进学生身体发展的作用也是存在差异的。例如，运球可提高学生对球的操控能力、眼脚协调能力、奔跑能力等，踢球可提高腿部力量与动作的准确性，足球游戏与比赛可提高学生的心肺耐力、奔跑能力和身体灵敏性，掷界外球可增强上肢及全身的爆发力量，头顶球可提高腰腹力量和身体协调性等。

教材的教育价值体现在立德树人和培养体育精神方面。例如，相互间的传接球练习可提高学生的合作意识与能力，攻防对抗的练习可培养学生勇于进取的精神和竞争意识，游戏与比赛对促使学生形成规则意识以及公正、法治、诚信、友善等价值观具有独特作用。

（2）分析教材特点

体育教材中的足球部分每一课都会对所学的足球技术动作作出讲解。不同的足球技术动作有不同的特点。从动作的难度特征看，不同的动作有不同的难度。例如，脚内侧踢球比脚背外侧踢球容易一些，踢静止的球比踢移动的球容易一些，

两人原地传接球比移动中传接球容易一些。从动作在比赛中的运用频率来看,有的动作运用频率很高,如脚内侧踢球;有的动作运用频率相对较低,如脚背外侧踢球等。从动作的实战用途来看,有的踢球脚法适合短距离传接球和射门,有的踢球脚法适合中远距离传接球和射门,有的动作是为了突破防守队员,有的动作是阻止对手进攻,等等。有了对动作难度、应用频率、实战用途等特点的准确把握,在设计具体的教学和练习方法时会更加合理、有效。

(3)分析教材重难点

就足球运动技能而言,教材重点一般是指动作的关键技术环节或要领。例如,初学脚内侧踢球时,重点是脚触球的部位;初学运球时,重点是推拨球的用力方法。只有准确抓住了教材重点,教师才可能针对重点来设计有效的学练方法,才可能根据重点合理安排教学步骤和进行辅导、纠错。

难点一般是指学生最不容易掌握的某些技术环节或要领。例如,初学脚内侧踢球时,如何保持踢球脚的脚踝外展并固定,往往是很多学生掌握不好的难点。在不同的学习对象身上和不同的学习阶段,某一教材内容的难点可能是动态的,教师很难在课前就预设好一个具有普适性的难点。因此,教师应当在教学中注意观察,相机行事,因人、因时而异地确定具体的教材难点。

3. 分析学生现状

分析学生现状是设置目标、选择内容、设计教法的基本依据。

分析学生现状一般应从学生的现有足球基础、心理发展特点、班级学生人数、性别比例等方面着手。例如,小学生一般力量、平衡能力较弱,身体柔韧性较好,动作发展精细化程度不高,兴趣较为广泛,活泼好动,自制能力较差,抽象思维能力不发达;初中生各项素质开始增强但发展不均衡,动作精细化程度明显提高,开始有能力学习有一定技术难度的运动技能,对抽象语言的理解能力不断提高;中学男、女生在运动兴趣取向和体能发展水平上开始出现差异且差异越来越明显;班级学生人数对足球教学有极大影响;等等。这些都是我们在分析学生现状时需要特别注意的问题。

4. 设置目标

本章第二节已经对教学目标设置问题作了较详细的介绍阐述,这里不再赘述。

5. 设计教学方法

本章第二节已经对足球教学方法，尤其是足球练习方法的构成及其创编作了比较详细的介绍。需要提醒和强调的是，足球技术教学中最常采用的教学方法是练习法，用什么方法练习、如何组织学生练习是足球教学方法的重要内容。通过分析足球练习的构成要素，我们可以掌握足球练习的设计思路与技巧，可以根据课时教学目标、对象、条件的不同来有机组合这些因素，从而创造性地设计出更多合理有效的、最适合教学目标和教学对象的练习方法，以利于知识、技能信息的传递和帮助学生掌握足球运动技能。

6. 安排教学流程

教学流程又称教学步骤、教学程序等，是指各个教学环节出现的先后顺序及其时间比例。目前，国内中小学体育教师在制订课时教学计划时，一般把全课分为准备部分、基本部分和结束部分三个阶段。其中准备部分占全课总时间的15%～20%，基本部分占全课总时间的70%～75%，结束部分占全课总时间的10%左右，以上比例可作为制订课时教学计划的重要参考。

确定了课的整体结构之后，应对每一部分的具体教学步骤作出安排。在安排具体的教学步骤时，应遵循由易到难、由简到繁、循序渐进、有利迁移的原则，还要考虑到各个练习步骤之间应便于组织和衔接。

7. 规划场地器材

根据课的内容、学生人数和方法设计等因素，安排本次课需要多大场地、多少器材以及场地器材的具体使用方法。例如，本次课的内容是脚背内侧踢球，学生人数是60人，如两人一个足球，则最少需要小足球场一块、足球30个。当然，如果学校没有30个足球，或者由于课时冲突，一个教师不能单独使用30个足球，那就必须根据所能使用球的数量来设计练习的形式与方法。

8. 预计运动负荷

根据本课内容、学生人数、练习形式、练方法等因素，预计本课的运动负荷和练习密度。运动负荷的预计要有根有据、基本准确、符合教学内容和教学设计的实际特点，而不能随意预测、应付了事。

（二）课时教学计划的编写

完成了一节课的整体设计之后,还要把这种构想变成文字形式加以呈现,即编写教学计划。课时教学计划又称教案,是如何上好一节课的具体教学方案。教师作为教学活动的设计者、主导者,可以把具有个人风格、特点以及表达设计愿望、教学行为的设想,用不同的形式加以呈现。但无论何种格式,教案一般应包括课次、内容、目标、重点、难点、教学方法、组织形式、练习时间次数、场地器材、练习密度与运动负荷预计等基本要素。

课时计划中必须包含的要素对编写教案具有一定的约束性,因为这是教案中的主干部分,缺少了这些基本要素就不能称其为教案。而教师在此基础上怎样书写教案,可以不拘泥于固定的教案格式。

目前,国内中小学体育教学的课时教学计划大多采用表格式。表格式课时计划把各项要素分别在不同的栏目中呈现,具有简洁、清晰、明了、便于书写的特点。下面提供两份不同的表格式教案,作为样例供教师参考(表 1-5-10,表 1-5-11)。

表 1-5-10 课时教学计划样例 1

内容	足球——正面头顶球		八年级	人数	40 人		
学习目标	1. 85％的同学能基本掌握正面头顶球技术,在 5 次顶球攻门的练习中能成功 2 到 3 次。 2. 增强腰腹力量,提高身体协调性。 3. 能在小组学习中互相纠正对方动作,培养合作意识,提高互助能力。						
重点	预摆展腹动作及头触球部位		难点	协调用力及发力时机			
结构	教学内容	教师指导	学生活动	组织形式		练习	
						次数	时间
准备部分	一、课堂常规	1. 课前带领学生布置场地器材 2. 体育委员整队,教师宣布上课,师生问好 3. 检查学生人数、服装并安排见习生 4. 宣布本课内容	1. 体育委员带领全班同学集合整队,检查到班人数并向老师汇报出勤情况 2. 注意听教师宣讲本课教学内容及教学目标,树立信心	组织队形: ⅩⅩⅩⅩⅩⅩⅩ ⅩⅩⅩⅩⅩⅩⅩ ⅩⅩⅩⅩⅩⅩⅩ ⅩⅩⅩⅩⅩⅩⅩ 要求:集合整队快、静、齐		1	1′
	二、准备活动 1. 介绍球迷文化 2. 多变的人浪 3. 跳起撞胸练习,收腹前摆练习 4. 散点自由玩球 5. 师生共同练习 6. 头颈部拉伸练习	1. 教师介绍球迷文化,并指挥学生手拉手跑动欢呼 2. 带领学生练习跳跃并形成人浪 3. 引导学生进行庆祝撞胸和收腹前摆练习 4. 指导学生随意发挥 5. 带领学生球性练习 A 踏球 B 拨球 C 跨球 6. 示范领做	1. 学生配合老师参与练习 2. 模仿教师动作练习 3. 学生分组练习撞胸和收腹前摆 4. 学生自由发挥随意玩球 5. 跟老师做球性练习 6. 模仿老师动作	组织队形: 散点,由坐姿过渡到手拉手站立欢呼 组织队形: ⅩⅩⅩⅩⅩⅩⅩ ⅩⅩⅩⅩⅩⅩⅩ 组织队形: ⅩⅩ ⅩⅩ Ⅹ Ⅹ ⅩⅩ ⅩⅩ Ⅹ Ⅹ 组织队形:散点		1 3 5 5 5 5	7′

续表

结构	教学内容	教师指导	学生活动	组织形式	次数	时间
基本部分	1. 讲解示范，徒手练习 2. 两人配合顶固定球 3. 移动中头顶球 4. 纠错练习 5. 头球攻门练习 6. 分层次练习 7. 纠错练习 8. 头顶球攻门比赛	1. 教师讲解示范头顶球技术 2. 将学生分成两人一组，一人持球固定，一人原地头顶球 3. 在顶固定球的基础上指导学生移动中顶球练习（两人一组） 4. 纠正同学们在练习过程中出现的错误动作（击球部位） 5. 教师讲解头球攻门练习的方法及队形 6. 按照个体差异，将同学分成不同层次进行练习 7. 纠正练习中的错误动作 8. 组织顶球攻门比赛	1. 学生认真观看老师的示范并模仿 2. 两人一组进行练习 3. 认真学习并练习移动中顶固定球 4. 把球放在前额部位一只手扶住球，如果做得比较好可以将手放开，看谁坚持的时间长 5. 学生按照老师的布置进行练习 6. 大部分同学继续头球攻门练习，需加强的同学继续练习头顶球 7. 纠正练习中的错误动作 8. 在顶球攻门比赛中巩固头顶球技术	顶固定球组织队形： XXXXXX XXXXXX 移动中顶球队形： 两人一组，面对面一抛一顶，顶球人移动中完成动作 头球攻门练习方法： 纵队面向前方呼啦圈站立，一人在呼啦圈处向前抛球，其他同学顶球攻门，依次进行 顶球攻门比赛方法： 同上，以比赛形式进行，看哪个组进球数最多	2 3 8 5 10 8 2 1	1′ 1′ 5′ 3′ 5′ 5′ 2′ 5′
结束部分	1. 放松、展示 2. 教师总评 3. 布置作业，回收器材	1. 带领学生放松及优秀动作的展示 2. 总结评价本课内容 3. 布置作业，收器材	1. 配合老师完成放松及展示动作 2. 总结提升 3. 归还器材	组织队形： XXXXX XXXX XXXXX XXXX	1	5′
场地设计	场地：足球场 器材：足球40个，哨子一个，秒表一块，宽胶带一卷，呼啦圈8个		运动负荷预计	练习密度：35%～40% 平均心率：125～130次/分钟		

表 1-5-11　课时教学计划样例 2

内容	脚内侧接控反弹球		年级	小学五年级	人数	48
学习目标	1. 了解脚内侧接控反弹球的动作方法与特点,70％左右的学生能做出脚内侧接控反弹球的动作,30％左右的学生能够完成抛接运射组合练习 2. 提高反应速度,发展灵敏性、协调性等的运动能力 3. 培养协作精神和果断的意志品质					
重点	接球脚的脚内侧推压动作		难点	推压动作的时机		
结构	教学内容	时间	次数	教学方法与组织		
准备部分	1.热身活动:抢圈游戏 方法略 2.徒手操 上肢、扩胸、体侧、体转、腹背、跳跃、压腿 3.球感练习 脚内侧拨球、扣球	3′ 2′ 3′	二八拍	1.教师参与游戏,带领学生在中圈上进行 2.教师领做,学生跟做徒手操,四列横队实施 3.中圈内进行球感练习,一人一球,自由进行		
基本部分	1. 一人一球自抛自接反弹球 将球抛向体前空中稍超过头顶,接球脚的脚内侧找准球的落点,及时推压接控球于体前 2. 两人一球对面抛接反弹球 两人相距 3～4 米,一人将球抛向对方体前约一步的地方,接球学生判断球的落点,移动调整位置,用脚内侧推压球的侧上部,将球停在体前可控位置 3. 抛球—接球—运球练习 A. 一人一球,自抛、接球、运球练习 B. 两人相距 3～4 米,一人抛球,另一人脚内侧接球,接球后运球过人,摆脱抛球的学生,然后两人交换练习 4. 抛球—接球—运球—射门练习 两人相距 3～4 米面对站立,一人抛球,另一人脚内侧接球,接球后运球过人,摆脱抛球学生,用脚背内侧踢低平球射门,然后两人交换练习 5. 课课练:奔跑与跳跃能力练习 蛙跳与快速跑迎面接力若干次	4′ 4′ 5′ 5′ 5′ 5′	10 10 10 10 10	1. 教师示范自抛自接反弹球动作并提示动作要点。四列横队实施 ×××××××× ×××××××× ×××××××× ×××××××× 2. 讲解对面抛接反弹球练习方法,组织练习,四列横队实施,拉大一、二和三、四队之间的前后距离,便于一抛一接练习 3. 教师示范接反弹球后衔接运球的动作方法,组织学生先自抛自接反弹球、接运球,然后两人一组,一抛一接,配合练习,四列横队实施,背向练习,向前运球四至五米 4. 在练习 3 的基础上,衔接射门,要求消极防守,射门成功率达到 50％以上(分四组在自制小球门上练习) 5. 每个小组分成两个小队相距 20 米面对面站立,用双脚跳和快速跑的方式迎面接力比赛各一次或二次		

续表

结构	教学内容	时间	次数	教学方法与组织
结束部分	1. 放松活动：深呼吸放松操 2. 总结讲评 3. 收拾器材，下课	4′	四八拍	1. 讲评以鼓励为主，表扬练习积极主动以及掌握动作较好的同学 2. 指定第一小组帮教师收拾器材
场地器材	足球场一块 足球 48 个，自制小球门 4 个	课后反思		
预计负荷	平均心率：125/分左右 练习密度：40％左右			

第二章 足球课堂教学实施

本章提要：本章主要提出了中小学校园足球教学的基本理念和一般要求，并以专题的形式从足球教学的准备与结束、足球教学的示范与讲解、足球教学的组织与调控、足球练习中常见的错误动作与纠正、足球教学中的品德培养、足球课安全隐患规避等几个方面，分析讨论了足球教学中的常见问题并给出建议。

足球教学的实施是指足球课堂教学的具体操作过程。足球教学设计与实施的关系就像我们要建造一座大楼。设计是第一步，是对建造大楼的规模、高度、层数、外观、材料、色彩等因素的预先规划，完成规划之后还要绘制出大楼的施工图纸，这有点儿像制订教学计划。但要把大楼建造出来付诸使用，只有设计和图纸还不行，还必须通过施工过程才能实现。只有完美的设计而没有精心的施工，就建造不出高质量的建筑，而且施工过程在很大程度上还决定着建筑物的质量高低。足球教学实施就是一个施工过程。所以，足球教学的实施对于实现足球学习目标、帮助学生掌握足球运动技能和战术方法、提高学生的体能素质和培养体育精神是非常重要的环节。

 足球教学的理念与要求

足球课和一般体育课相比具有显著特点。一是学生对足球运动的兴趣比较高。由于用脚踢球比用手打球更具有新鲜感，大多学生都比较喜欢踢足球。二是

脚对球的操控难度比较高。对于初学者来说,需要经历一个较长时间的脚与球的熟悉与磨合过程,才能操作自如地掌控足球。三是对场地器材要求比较高。没有能够满足基本要求的场地器材就很难正常进行足球教学活动。四是足球课对教师教学组织能力的要求比较高,尤其是对教师驾驭课堂秩序、有效组织练习和调节运动负荷的能力有较高要求。

传统体育教学理念和教师的行为习惯导致足球教学中存在很多问题。例如,注重单个技术的学练,忽略组合技术的掌握;注重掌握足球动作技能,忽略动作技能应用能力的培养;注重无对抗条件下的技术练习,忽略对抗条件下的技能运用;注重统一、整齐的练习形式,忽略学生个性的自由发展;喜欢和关注运动能力强的学生,忽略甚至厌烦运动能力弱的学生;教师讲解、组织占用时间多,学生实际练习时间少;课堂上训斥、批评比较多,鼓励、表扬比较少……要扭转足球教学中存在的偏差,提高足球教学质量,除了遵循《体育与健康课程标准》中提出的课程基本理念之外,体育教师还必须树立校园足球教学的理念,遵循开展校园足球的基本要求。

> **知识窗**
>
> **义务教育阶段体育与健康课程基本理念**
>
> 1. 坚持"健康第一"的指导思想,促进学生健康成长;
> 2. 激发运动兴趣,培养学生终身体育的意识;
> 3. 以学生发展为中心,重视学生的主体地位;
> 4. 关注个体差异与不同需求,确保每一个学生受益。

一、足球教学理念与要求

1. 校园足球教学的理念

(1)尊重学生。热情欢迎和尊重每一个参与足球学习的同学,无论他们水平、能力高低,有无基础等,对每个学生都不存歧视和偏见。

(2)鼓励为主。努力让学生对自己充满自信,让他们觉得自己还行;要不断对学生进行鼓励,强调他们的优点而不是缺点。体育教师必须记住的是,每个学生都喜欢被鼓励而不是被训斥和歧视。

（3）激发兴趣。努力让学生在踢球中展示自我，增强自信，激发他们对足球运动的浓厚兴趣和持久的学习动机。

（4）享受足球。不是每一个学生都能成为足球运动员，他们也不需要掌握专业足球运动员必须掌握的全部足球技战术和动作技能，但这并不影响他们参与踢球和享受足球运动的快乐。

（5）注重应用。教师不仅要帮助学生学会运球、传接球、射门等足球动作技能，更要指导他们怎样在比赛的对抗条件下合理、灵活地运用这些技能；要使学生能够参与足球比赛，而不是仅仅学会几个踢球的动作。

2. 教师教育学生应遵循的行为准则

校园足球活动是一种教育，是一种立德树人的途径。学生通过学练足球以促进自我身心健康成长。体育教师在足球教学活动中应经常提醒和教育学生遵循下列行为准则，以充分发挥足球运动的育人功能。

（1）为了快乐而踢球，不是为了迎合教师、家长，也不是为了拿第一、出风头。

（2）融入自己所在的团队，力争成为团队中出色的一员。

（3）学会在练习中与同伴相互合作，互助配合，共同完成练习任务。

（4）必须严格遵守游戏规则、比赛规则和足球课堂教学常规。

（5）在比赛中要尊重对手，学会欣赏对手的精彩表现。

（6）在比赛中要尊重裁判，服从裁判或教师的判罚，强化规则意识，养成服从习惯。

3. 教师在足球教学中应避免出现的行为

体育教师可通过足球学练过程教育学生来体现校园足球教学的基本理念。体育教师应当在课堂上尽量避免出现以下行为。

（1）大喊大叫，大声训斥学生。

（2）忽略少年儿童特点，把学生当作成人对待。

（3）过长时间的讲解、点评和组织教学，或长时间只做一种练习而不改变练习的内容与形式。

（4）在全班同学的面前严厉批评某一个学生，使其无地自容。

（5）频繁地打断学生们正在兴致勃勃地进行着的练习、游戏或比赛。

（6）过于强调和看重游戏、比赛的胜负结果，因为比赛失败而训斥学生。

（7）只做单个、静态和无对抗练习，忽略组合、动态和对抗性练习；只教动作技术，不打足球比赛。

二、根据足球运动项目特征实施教学

足球是一个完整的运动项目，而不是一个个零碎的单个动作。因此，体育教师应该根据足球运动的项目特征来设计与实施教学活动，帮助学生认识和理解足球运动，使学生能逐渐爱好足球运动和享受足球运动的乐趣。

1. 足球运动的项目特征

项目特征是指一项目区别于其他项目的显著标志或典型表现。与田径类项目讲究体能发挥、操舞类项目注重技艺表现等项目特征不同，足球运动是一项双方运动员同场直接对抗的项目，除了具备同场对抗球类项目的一般共性特征外，还具有入门难度高、参赛人数多、比赛场地大等个性特征。足球比赛中双方队员的攻防对抗强度、技术运用难度和团队协作程度，在球类运动项目中是非常典型和显著的。足球运动项目特征主要表现在以下几个方面：

一是学习入门难度高。和用手操控球体的球类项目不同，足球运动主要靠双脚来操控球体并展开激烈竞争。而人类双脚的灵活性天生不如双手，因此在学习足球的初始阶段，学习者往往难于有效操控足球，运不成、踢不准、接不住是常有现象。学习入门难度高会对初期的足球教学组织工作带来困难，甚至会出现足球满场飞、学生到处跑的现象。

二是攻防对抗强度高。足球比赛中双方队员的攻防对抗强度非常高，攻防转换的速度也非常快。攻防对抗中双方队员发生身体接触、碰撞和纠缠在比赛中是常有的事情。在高强度的对抗情境中，无防守条件下舒舒服服地运球、接球、踢球和射门的机会是非常罕见的，足球运动员必须学会在高强度对抗条件下合理选择和运用足球技能。

三是团队协作程度高。足球比赛场地面积大、参与人数多、比赛时间长，在较大的比赛场地和较多的参与人数条件下，要想依靠个人单打独斗来射门得分、取得胜利，或依靠个人防守能力阻止对方射门，几乎是不可能的事情。因此，足球比赛必须依靠团队协作的力量才能获胜。无论是局部的二过一配合，还是全局的边路进攻和中路突破，场上队员必须心有灵犀、高度默契、相互协作、共同努力。创造机会助攻和自己射门得分同样有价值，同样是成功。

四是技能运用要求高。由于攻防对抗强度高，所以足球技能在比赛中的运用难度也非常高。规范的足球动作技术要领，在攻防对抗条件下很难照搬套用和完全体现。比赛中几乎所有的踢球、接球、运球、射门等技能都是在快速奔跑和激烈的对抗中不断调整身体位置和姿态，甚至是在身体失去平衡状态下或与对手的身体纠缠中完成的，但只要能达到预期的结果，可以采用任何技能或变化的技能，这也正体现了足球运动技能的开放性特征（图2-1-1）。

足球运动的以上项目特征告诉我们：只有根据项目特征，有针对性地合理设计与实施足球教学活动，才能取得良好的教学效果；忽略足球运动的项目特征，像教田径、体操、武术那样教足球，其效果必然难遂人愿。

图2-1-1　高强度对抗的足球运动

2. 根据足球运动的项目特征实施教学

根据足球运动的项目特征，在足球教学活动中，教师应当注意以下几点：

（1）明确教学策略取向

在足球教学实施过程中，教师必须把握并牢记足球运动的项目特征是什么，并根据这些项目特征拟定教学策略的基本取向,有针对性地设计与实施足球教学活动。足球教学的基本策略取向应是突出足球运动的项目特征,以"学会运用"为足球教学的高层境界,注重设置攻防对抗的实战情景,加强对学生实战应用能力的培养,帮助学生了解所需动作的实战用途,使学生学会怎样在比赛中应用技能。教师必须明白,要教会学生掌握足球这个运动项目,而不是仅仅掌握这个项目的一些单个动作技术,更不能为了教技术而教技术,或单纯围绕某一个技术动作本身,掰开揉碎地让学生记忆要领、背诵口诀、强调细节,却忽略了足球运动技能的开放性特征和足球运动的项目特征。这样的结果可能是学生学会了一些足球技能,但他们只会在无对抗练习中展示这些技能,却不会应用这些技能参与比赛和享受比赛的乐趣。

(2) 不同阶段有所侧重

足球学习的初始阶段,教师应首先帮助学生熟悉球性、增强球感、提高对球的操控能力,教师可采用踩、拉、拨、颠等方法提高学生双脚的灵活性和对球的掌控能力。此阶段的练习一般应要求学生使用较小的力量踢球、运球,以提高动作准确性为重点。应给学生划定练习区域或范围,防止练习中发生混乱和碰撞。

当学生具备了对足球的基本操控能力以后,教师便可适时提出适当加大踢球力量和运球速度的要求,不断提高学生足球技能的熟练程度和应用能力,并逐步增加攻防对抗的练习条件,培养和提高学生在对抗条件下,在不断调整身体状态条件下合理运用动作技术的能力。

(3) 及早设置对抗情景

一般来说,当学生初步掌握了某些足球技能,即能够做出所学动作之后,就应及早设置攻防对抗情景,让学生在对抗条件下练习和运用足球技能,学会如何在快速移动中不断调整身体位置和姿势来完成动作,培养他们在对抗条件下运用足球技能的意识和能力。对抗情景的设置可采用这样的顺序:先消极防守,再积极防守;先低强度对抗,再高强度对抗;先一对一对抗,再多对多对抗;先在对抗条件下练习单个动作,再在对抗条件下练习组合动作。教师应多采用视觉信号指挥和变换学生练习,以提高学生的场上观察能力和注意分配能力。对抗性练习时应强调同学之间的相互配合,注重培养互助意识和团队精神。

（4）注重提高比赛能力

学习足球运动技能的最终目的是参与比赛、享受乐趣、强身健体、健全人格，足球运动的诸多育人功能也正是通过比赛活动而实现的。当学生初步掌握了运球、踢球和接球等基本方法后，就可组织5对5、8对8等小场地足球比赛，使学生在比赛中体验怎样跑位、怎样配合、怎样在攻防对抗中能运好球、接到球、踢准球、怎样在快速移动中和密集防守下找到射门机会、怎样和同伴相互协作、密切配合，等等。

体育教师必须明白：学会一些基本的运球、踢球动作只是足球学习的最低层次；学会在对抗条件下运用所学技能才是足球学习的高层境界；学会打比赛才是足球学习的乐趣所在，才能体验和享受足球运动的快乐。体育教师还应明白：对抗能力只有在对抗中才能提高，比赛能力只有通过比赛才能获得，除此之外，别无捷径可走。

> **知识窗**
>
> ### 足球运动的起源与发展
>
> 我国古代的"蹴鞠"曾是世界上最古老的足球运动，中国因此被认为是古代足球运动的发源地。现代足球运动于19世纪中叶在英国兴起，并在此后的100多年间，以其特有的魅力在全世界范围广泛普及、迅速发展，吸引了无数参与者和球迷。四年一届的"世界杯"足球赛，已成为全世界广大足球爱好者的狂欢节日和盛大庆典。

第二节　足球教学的准备与结束

和一般体育课一样，足球课的结构也可大致划分为三个部分，即准备部分、基本部分和结束部分。准备部分一般又包括课的开课常规、课的导入以及准备活动。怎样开始上课、怎样做准备活动和怎样结束一节课是每个体育教师都要面临的问题，虽然是个看起来无关紧要的问题。实际上，课的开始、准备和结束虽然只有短短几分钟时间，但如果精心设计、精彩实施，就可以得到集中注意力、明确目标、热身动员、激发兴趣和放松身心、归纳知识、明确作业等多种效果,教师应给予足够重视。

一、怎样开始一节足球课

开始一节足球课的第一步是开课常规或称开课仪式,即体育委员整队、报告上课人数、师生问好、教师检查着装和处理见习生等。开课仪式完毕之后,即进入课的导入部分。课的导入方法有很多,常见的导入方法有语言法、演示法等。

1. 语言导入

语言导入就是教师运用语言导入新课。常用方法有开门见山、温故启新、提问设疑、故事导入等。

开门见山是最常用的一种课的导入方法。教师一上课就直奔主题,用最直接的语言开宗明义地向学生宣布本课内容和目标要求,然后就开始本课的学习活动。例如:"同学们好!今天我们学习足球的脚背正面运球技术。通过本节课的练习,同学们能初步掌握脚背正面运球方法,提高自己控制足球的能力。同学们有信心达到这个目标吗?"

温故启新是教师先从一个过去学过的知识点或动作入手,通过温习旧知识、提出新问题然后过渡到本节课的学习内容。例如:"同学们还记得我们过去学过的脚背正面运球吗?现在想一想,如果我们不用脚背正面运球,而是改成用脚内侧运球,它和脚背正面运球有什么不同?在实战中又有什么作用呢?下面我们就来学习脚内侧运球。"

提问设疑是教师提出一个问题,通过学生对问题的思考,引入新的学习内容。例如:"同学们都用脚内侧踢过原地静止的足球。现在想一想,如果要踢一个从侧面滚过来的球,那么踢球时的用力方法和踢静止的球有什么不同呢?下面我们就来学习如何踢滚动的足球,希望大家带着问题认真体验一下。"

故事导入是教师抓住中小学生喜欢听故事的特点,选用恰当的小故事,有效地进行课堂教学。运用故事导入时要注意故事应短小精悍,所用时间以一分钟左右为宜,故事要和课的内容有联系。

2. 演示导入

演示导入是教师运用演示的方法导入新课。常用方法有教师示范、学生示范等。

教师示范是教师直接向学生展示某项足球技术，如颠球、头顶球等。教师示范可以起到吸引学生注意、激发学生兴趣、明确课的主题等多重作用。

学生示范是由学生完成某项技术的展示。学生中潜藏着一些具有特长的"高手"，教师可以让在足球方面有特长的学生出来做示范动作，以导入本课内容。

二、怎样做好足球课准备活动

做好足球课准备活动，可以提高学生神经系统的兴奋程度，使其集中注意力，把身体和心理调节到最佳学习状态，还可在一定程度上预防伤害事故的发生。体育教师应高度关注准备活动的重要性，认真设计、组织并带领学生做好准备活动。

1. 准备活动和主要学习内容要有一定联系

准备活动有一般性准备活动和专项准备活动之分。足球课的准备活动可以从一般性准备活动过渡到专项准备活动，使准备活动内容和足球练习建立一定联系。例如，可以先从慢跑、徒手操、游戏等活动开始，再做一些足球的无球模仿练习，然后过渡到有球练习。当然也可以直接进入有球练习，使学生有更多时间接触足球、熟悉足球，通过各种球感练习达到热身和熟悉球性的目的。还可以结合具体学习内容，做一些和所学动作相似、能产生正向迁移的动作练习，帮助学生体会动作方法，更好地掌握所学足球运动技能。例如，学习脚内侧接空中球时，可以在准备活动时做一些大腿外展后撤的练习；学习脚内侧踢球时，可以做一些体验脚踝固定并外展的练习。

2. 准备活动的内容要新颖有趣

准备活动的内容要有趣、有效。新颖有趣的准备活动可以激发学生的练习兴趣，提高大脑皮层的兴奋性；单一乏味、一成不变的准备活动容易导致学生产生厌烦心理或"审美疲劳"，降低学生对练习的兴趣和热身效果，进而导致参与和投入程度下降。变化是产生新颖性和趣味性的好办法，有变化才能有趣味，教师应开动脑筋想办法，经常变化活动内容和形式，使准备活动内容时有新意出现，以吸引和激发学生的练习兴趣、提高练习效果。例如，可以创编新颖的足球操，创编有趣而又简单易行的足球游戏，经常变化慢跑的路线与形式，在慢跑中做某种游戏，改变游戏的方法和形式,改变徒手操的做法,改变慢跑的路线,直接进入有球练习,让初中及其以上的学生自己设计准备活动内容和方法,等等。这些都可以使准备活动变得更加丰富多彩、有趣有效,从而起到激发学生练习兴趣的作用。另外,一些发展反应、灵敏、柔韧、速度的练习,也可安排在准备活动中进行。

3. 根据内容需要确定准备活动的时间长短

一般来说,准备活动的时间应占全课总时间的15%～20%。如全课总时间为40分钟,则准备活动时间可掌握在6～8分钟。体育教师应当根据本课内容的实际需要,灵活确定准备活动的时间长短。如果本节课内容运动强度较大,动作难度和对抗强度较高,如小场地比赛、运球过人等,则准备活动的时间就要长一些,热身要充分一些。如果基本部分运动强度不大,如两人的传接球练习、运球过障碍等,则准备活动的时间可适当短一些,以便把更多时间留在基本部分的动作技能学练上。

三、怎样结束一节足球课

足球课结束部分的主要任务是结束本节课的学习、放松身心、总结讲评、布置作业、收拾器材等,结束部分的时间一般占全课总时间的10%左右。

1. 结束足球课的一般要求

(1) 灵活多样。课的结束方式要灵活多变,不断出新。教师应根据课的内容、运动负荷、学生表现等多种因素,灵活决定结束的方法和内容。如本节课运动负荷较小、学生身体基本没有产生疲劳,放松整理活动就可以简略一些。如课的运动负荷较大,则放松整理活动就必不可少,甚至还要多做一会儿。放松的方法也应该灵活多变,使学生感到有新意,有乐趣。

(2) 简明扼要。由于结束部分时间短暂,不允许教师用过多的时间进行放松活动和总结讲评,所以教师在结束时的点评总结应该简明扼要、言简意赅,不要拖课。一般情况下,教师下课时的总结讲评应控制在一分钟以内。

(3) 紧扣主题。身体放松的方法和教师讲评的内容,都要和本课的主题紧密联系,不能张口千言、离题万里。例如,总结概括的知识点应是本课所学内容而不是前些时学过的内容,表扬、批评的现象应是本课发生的事情而不是以前的事情,放松的部位应是本课练习负荷最重的部位等。

（4）鼓励为主。教师在结束时的总结点评应以表扬鼓励为主、批评惩戒为辅，要尊重学生的自尊心，增强学生的自信心。批评的时候，要注意把握好用词的分寸，语气要平和，态度要诚恳，以减少批评引发的抵触情绪，使学生能够接受批评，并愿意改正错误。

2．放松身心的方法

（1）主动放松。主动放松是教师带领学生做一些舒缓、轻柔、负荷较小的活动，使学生在活动中逐渐平静下来，如放松性的徒手操、简单的舞步、慢走、轻松有趣的游戏、轻松地抖动肢体、静力拉伸肌肉等。

（2）被动放松。被动放松是通过外部用力放松身体的方法。教师可把学生分成两人一组，令其互相按摩、拍打需要放松的部位。被动放松不仅可以起到放松肌肉的作用，还具有促进加强学生之间交往和友谊的作用。

（3）意念放松。意念放松也是一种有效放松身心的方法。教师可在轻缓音乐的背景下，让学生坐下或采取站立姿势，闭上眼睛，放松身体。教师也可以用缓慢轻柔的语言念诵一套暗示性语言，帮助学生放松身心。

3．总结讲评的内容

（1）归纳知识。教师对本课学习内容作概括性总结，提炼出知识点，用简明的语言重申给学生，使学生更好地记忆和理解本课所学的知识要点。如果教师能坚持每次课归纳一个知识点，久而久之，能使学生在无形中掌握大量的足球知识。

（2）表扬或批评。教师应该不失时机地对学生的课堂表现进行表扬或批评，帮助学生明辨是非、区分善恶、健康成长。当然，教师应遵循鼓励为主的原则，要注意批评的语气和态度。

（3）布置作业。布置作业需要教师认真设计作业的内容和布置作业时使用的语言，一定要让学生耳目一新，对作业不产生厌烦感。体育教师可以使用"课外练习"或"家庭练习"等类似语言布置体育作业。

第三节 足球教学的示范与讲解

示范与讲解是学习足球运动技能中最常用、最先用到的重要方法。在大部分情况下,教师教授运动技能的步骤都是从示范讲解开始的。在足球教学中,体育教师必须了解足球教学中示范和讲解的特点与要求,充分发挥示范讲解帮助学生掌握足球技能的作用。

一、足球动作示范的特点与要求

学生对教师示范动作的模仿是学习动作技能的主要途径,尤其是小学生,模仿在他们学习动作的过程中占据着重要地位。因此,体育教师的动作示范是足球教学中最常使用的直观教法。它是教师把足球动作通过自己的身体动态地呈现给学生,使学生直接观察到动作的结构、顺序、方法要领的一种教学方法。示范的主要目的在于给学生提供一个可以模仿的对象,让学生初步形成所学动作的视觉印象,帮助学生了解动作的基本特征,形成对所学动作的初步认知。

足球教学中的动作示范和其他项目教学中的动作示范并无本质差异,但足球教学中的动作示范有其自身的特点和特定要求。足球教学中的教师示范应注意以下几点:

1. 保证学生清晰地观察示范

示范踢球、接球或运球等动作时,关键动作的位置都接近地面,如支撑脚的站位、脚触球的部位、踢球用力的方法、接球用力的方法等,而学生的观察点比较低,因此教师示范时要使学生保持合理队形,或者让前排学生蹲下,以保证所有学生都能清晰地观察到支撑脚位置和脚触球部位等动作细节(图2-3-1)。

图 2-3-1　前排同学蹲下观看示范

2. 合理运用各种示范方法

有些技术动作,如脚背内侧踢球、变向或变速运球过人等,仅采用一种示范面很难使学生观察清楚所有动作细节。因此,教师在示范此类动作时,最好能采用侧面、正面等不同的示范面,多作几次,以便学生全方位、立体性地观察动作方法。

足球动作示范的位置、示范面和示范方向都要根据具体情况灵活确定。一般来说,足球教学中正面示范、侧面示范运用较多,镜面和背面示范运用较少。教师在足球运动的教学中,要根据具体情况灵活采用不同的动作示范方法,以收到最佳的示范效果。

3. 利用学生配合完成示范

在学习某些技术动作的应用方法和战术配合时,需要让学生配合教师进行动作示范,以便学生明确所学动作的用途和战术配合的方法、意图等。例如,指定一名学生担任防守队员,指定若干学生担任防守一方,指定一名同学和老师配合做传、接球,等等。

4. 结合实战用途进行示范

足球教学中要注意使学生了解某一动作在比赛中的作用和运用时机,使学生领会所学动作在比赛中的用途和用法,而不是仅仅为了学动作而学动作。因此,足球教学中的动作示范要突出自然、合理、实用、有效的特点,最好能结合实战对抗进行动作示范,帮助学生领会所学动作用途,激发练习兴趣。

二、示范位置、方向与示范面

1. 示范位置

示范位置是一个教师示范地点与学生之间的空间关系问题,是指体育教师在什么地方完成动作示范。示范位置的选择要尽量使所有学生都能清楚地看到教师的示范动作,即体育教师的示范位置应与全体学生的距离保持基本一致,不能相差太多,要使后排的学生也能观察到教师的示范动作。

教师的示范位置并非距离学生越近越好。观察完整的、有助跑的踢球动作示范时,示范位置应距离学生4~5米。让学生观察某些动作细节时,距离可以适当近一些,如脚触球的部位、支撑脚站位等。

2. 示范方向

当教师示范的动作有身体位移发生时,如运球、左右移动接球和踢球等,教师动作的位移方向和球的运行方向一般应和学生的观察视线成垂直关系,以便使学生能观察到人体和球体位移时的速度变化(图2-3-2)。

图2-3-2 运球路线和学生视线的关系

3. 示范面

示范面一般有正面、侧面、背面、镜面等几种。

示范面体现了教师做示范动作时自己的身体结构与学生视线之间的关系。确定合理的示范面，应注意分析动作结构、位移方向、技术要点等，还要考虑学生观察动作的角度。一般情况下，足球教学中采用正面和侧面示范较多。

正面示范是教师面对学生进行示范的方法。如要演示或提醒学生注意脚内侧踢球时脚尖外展的动作，可采用正面示范。变向运球过人动作也应采用正面示范，以便学生能清晰地观察到运球方向的改变（图 2-3-3）。

图 2-3-3　正面示范

侧面示范是教师身体侧对学生进行示范的方法。如要演示头顶球、踢球等动作的用力方法时，为了使学生分别观察到顶球时身体躯干的变化、踢球腿的摆动等，应采用侧面示范的方法（图 2-3-4）。

图 2-3-4　侧面示范

背面示范是教师身体背对学生进行示范的方法。在一些特殊需要的情况下可采用背面示范的方法。如演示假动作变向运球过人时，教师可分别做正面和背面两种不同的示范动作，让学生能够更清楚地观察到运球过人时的身体动作和运球方向的变化（图 2-3-5）。

图 2-3-5　背面示范

三、怎样讲解动作要领

教师应根据动作的关键技术环节、用力特点以及所要达成的目标,用简明扼要的语言讲解动作要领,准确地描述动作的方法。动作要领的讲解应注意以下几点:

1. 语言标准

讲解时,应使用普通话,应做到吐字清晰、用词准确、音量适宜、语速适中。

2. 简明扼要

第一次向学生讲解动作要领时,要简明扼要、重点突出,切忌啰唆、全面详尽。一般情况下,第一次讲解的时间应控制在 90 秒以内而不宜过长,对小学生讲解的时间应该更短一些。

3. 逐步深化

体育教师必须明白的是:向学生讲解动作方法并非一次讲完就算完事了,而是要在学生练习的过程中反复强调、多次提示,并且越讲越精、越讲越细。一般的要求是:第一次讲解要简明扼要、突出重点、淡化细节;随着学习进程的不断深入,讲解的内容要逐渐细化和深化。

4. 精讲多练

体育教师应根据学生的年龄特点,灵活掌握讲解的时间、内容和方式。一般来说,学生年龄越小,讲解语言就应该越精炼、简短、通俗易懂;随着学生年龄的增长,讲解的内容深度和语言风格可逐渐发生变化,以适应学生理解能力的发展。

> **知识窗**
>
> **你知道怎样踢出"香蕉球"吗**
>
> 当踢球的作用力不通过球心时,球便会旋转;当球旋转时,空气与球面会发生摩擦,在球的周围会产生与旋转方向一致的气流。但球两侧的气流速度是不一样的。根据流体力学的伯努利原理,流速慢的一侧压力大于流速快的一侧,这给飞行的足球一个横向的压力差,使原本直线飞行的球逐渐向一侧横向偏移,这就是人们俗称的"香蕉球"。明白了这个道理,你知道怎样踢出"香蕉球"了吧。

四、怎样安排示范与讲解的顺序

和其他运动技能的学习一样,示范和讲解是组合起来运用最多的教学方法。示范和讲解组合的方式无外乎先讲解、后示范,先示范、后讲解,边示范、边讲解等几种。一般情况下,学习那些学生陌生的新动作时,由于学生对新动作不太了解,甚至一无所知,头脑中没有相关的动作表象,很难领会教师抽象的讲解语言,因此教师应当先作动作示范,再讲解动作要领,以便学生首先通过视觉建立动作表象,然后结合视觉表象深入理解教师所讲的内容。如果所学动作可以边示范边讲解,教师最好结合示范配合讲解,使学生的视觉和听觉器官同时参与学习,以利于提高示范和讲解的效果。但是,与示范同时进行的讲解应简明扼要,切忌拖泥带水,应以保证示范动作不出现较长停顿和支离破碎为原则。在复习那些学生熟悉的动作时,由于学生已经对该动作有了一定的身体体验,也可以在讲解或提示动作要领之后再作动作示范。教师必须记住的是:学生年龄越小,教学中越应该发挥动作示范的作用,越应该以先示范后讲解的组合方式为主。

第四节 足球教学的组织与调控

由于用脚操控足球的难度较高,足球课堂教学的组织管理比其他内容的体育课更有难度。这要求体育教师熟悉足球练习的常用组织形式与方法,能根据不同条件和不同学情,合理设计出有针对性的练习方法和组织形式,使足球课严而不死、活而不乱、生动活泼、合理有序。

一、足球课常用的练习组织形式

足球课上常用的练习组织形式一般有以下几种:

1. 班级练习

班级练习是指以班级为单位,在体育教师的统一指挥下进行练习的组织形式例如,全班学生一人一球,在指定的区域内或路线上,统一进行熟悉球性的各种练习,统一进行运球练习或传接球练习(图2-4-1)。

图 2-4-1　班级练习

2. 小组练习

小组练习是将学生分成若干小组,以小组为单位,在教师或小组长的带领下进行练习的组织形式。如分组进行的运球接力比赛练习、分组围成圆圈进行的传抢球游戏等(图2-4-2)。

图 2-4-2　小组练习

3. 个体练习

个体练习是指以学生个体为单位,按照教师的安排和要求独立进行练习的组织形式。如每人一球,在指定的区域内,根据个人足球学习的需要进行球感练习、运球练习或其他练习(图2-4-3)。

图 2-4-3　个体练习

无论是班级练习还是小组练习,都表现为同时练习和依次练习两种基本形式。同时练习是指全班或小组同学不按顺序、不分先后,在教师的指挥下或按照教师要求,同时进行练习的形式,如同时运球、拨球、拉球、传球、接球等(图2-4-4)。

依次练习是指以个人为单位或以小组为单位,按照固定顺序依次轮流进行练习的形式。如第一名学生运球行进至某个位置时,第二名学生开始出发练习(个人依次);第一组学生运球返回之后,第二组出发进行练习(小组依次)等(图2-4-5)。

图 2-4-4　同时练习

图 2-4-5　小组依次练习

同时练习比依次练习的密度要高,也便于教师统一调控练习的时间、次数等。在可能的情况下,应采用同时练习的形式。在采用同时练习的形式时,应注意练习的持续时间,要根据实际情况安排必要的练习间隔,使学生有休息和思考的时间。

二、足球课常用的练习队形

足球课常用的练习队形主要有横队、纵队、圆队以及散点练习等。

1. 横队练习

横队练习是指学生左右并列站成若干列横队进行的练习,主要用于熟悉球性练习、传接球、运球、头顶球等练习内容。如4列横队原地踩球、拨球练习,以前后4人为1个小组进行运球接力比赛等(图2-4-6,图2-4-7)。

图2-4-6　横队练习　　　　　　　　图2-4-7　横队练习

2. 纵队练习

纵队练习是指学生前后重叠站成若干路纵队进行的练习,可用于运球、射门、行进间传球、二过一等练习内容。如4路纵队运球绕障碍,消极防守条件下运球过人等(图2-4-8,图2-4-9)。

图2-4-8　纵队练习　　　　　　　　图2-4-9　纵队练习

3. 圆队练习

圆队练习是指学生站成一个或若干个圆圈进行的练习,可用于熟悉球性、运球、传抢游戏等练习内容。例如,以小组为单位站成圆圈相互传接球,一人在中间抢球,学生围绕中圈站成两排,向外做一攻一守的运球过人练习(图2-4-10)。

图 2-4-10　圆队练习

4. 散点练习

散点练习是指学生没有规定队形，各自或成对地在规定区域内进行的练习，可用于攻防练习、运球、抢球、对抗游戏等练习内容。例如，在规定区域内，两人一组做一运一抢的攻防对抗练习；在规定区域内连续进行运球绕标志盘练习。

三、足球课练习密度的调控方法

1. 足球课练习密度的概念

足球课的密度有一般密度、专项密度和练习密度之分。一般密度是指一堂课中各项合理活动的时间与课的总时间的比，专项密度是指某项活动（讲解、示范、观察、休息、练习……）时间与全课总时间的比，练习密度是指学生在足球教学中从事身体练习的时间与全课总时间的比。从概念上可以看出，练习密度实际上是一种专项密度。研究足球课的练习密度对于如何有效地利用上课时间、增加学生练习次数、发现存在问题、改进练习方法、不断提高足球教学质量具有重要意义。

练习密度是衡量足球课运动负荷的重要指标之一，没有足够的练习密度，足球教学就难以达成掌握技能和增强体能的实效。在足球课教学中，体育教师可以通过测量练习密度来评价教学效果和练习情况。

2. 练习密度的意义

练习密度体现了体育课程的基本性质与主要特征。体育课程的性质和特征是以体育与健康的知识、技能和方法为主要学习内容,以身体练习为主要手段,以增强体能和增进健康为主要目标。足球课练习密度的大小反映了学生从事足球练习的时间长短,从而间接体现了身体练习是体育教学的主要手段这一课程基本性质与特征。同时,掌握足球技能和增强体能的目标需要通过大量重复的身体练习得以实现,没有适宜的、足够的练习密度,就难以完成体育课程增强体能、增进健康的主要目标。所以,练习密度在一定程度上还制约着体育课程目标的达成度。

练习密度在一定程度上反映了体育教师对体育课程性质的理解。足球课的练习密度大小可以间接反映出教师能不能精讲多练,能不能组织有效的练习活动。有时候调整一下练习形式、改变一下练习分组或者增加一些足球就可以有效提高练习密度,但教师却视而不见、无所作为。这就说明教师缺乏对体育课性质的深刻理解,心中少了"练习密度"的概念,忽略了身体练习是体育课程的主要手段,忘记了练习密度在体育教学中的重要性。在这种情况下,体育教学质量就很难有根本性的提高。

练习密度间接反映了体育教师掌控课堂的能力和教学质量的高低。足球课上,学生的身体练习、观察休息,教师的讲解示范、组织教学以及浪费的时间等,都可以计算成密度供我们参考以改进教学。各种活动的密度是相互联系、相互影响的,并存在一种合理的比例关系。练习密度小了,说明其他内容的密度就大了,比如组织教学的时间长了、浪费时间多了、教师讲解的内容多了等等。于是,练习密度可以间接反映出教师总体上调控课堂教学局面、把握各种时间比例关系的本领以及课堂教学的组织管理能力,同时也就在一定程度上间接反映出了体育教师教学能力的高低和教学质量的优劣。

3. 足球课练习密度的估算和预计

在没有秒表计时和难以精确测算练习密度的情况下,可采用粗略估算的方法对足球课练习密度作出大致评估。例如,当学生以小组依次练习的形式进行各种运球练习时,假设每个学生的练习时间大体上是同样的,如果小组人数为 10 人,则每个学生在此阶段的练习密度大约为十分之一,即10%左右;如果练习形式不变,小组人数调整为五人一组,则练习密度为五分之一,即20%左右。当学生以集体同时练习的形式进行身体运动时,如全班同学一人一球,同时进行球感练习,则可用练习时间与休息时间的大致比例推测练习密度。如练习和休息时间大致对半,则此阶段的练习密度为50%左右;如某段时间内学生一直在持续进行练习,如小场地比赛或游戏活动等,则此阶段的练习密度为100%。

4. 调控练习密度的常用方法

调整与控制足球课上的练习密度,主要是通过改变身体练习的构成要素来实现的。一般来说,增加分组、添加足球、增加练习次数等,可以提高练习密度;减少分组数量、减少足球、减少练习次数等,则可以降低练习密度。下面的方法能有效提高练习的密度。

——增加学生的分组数量(如4组变成6组);

——增加练习的次数、时间(如两人连续传接球2分钟变成3分钟);

——增加足球的数量(如4人一球变成2人一球,或2人1球变成1人1球);

——减少讲解的时间(如讲解一分钟变成讲解30秒);

——减少学生的队伍调动(如一种队形进行多种练习);

——减少学生的观察或休息时间(如观察由50秒变成30秒);

——把依次练习改为同时练习(如由依次向前直线运球变成同时向前直线运球);

——把间歇练习改为持续练习(如取消两次练习中间的休息);

——把走回出发点改为跑回出发点(如沿对角线冲刺跑后沿端线和边线慢跑回起点)。

> **知识窗**
>
> **怎样计算课的练习密度**
>
> 练习密度是学生练习时间与全课总时间的比。假设某个学生一节足球课的练习时间为 17 分 20 秒（1040 秒），全课总时间是 45 分钟（2700 秒），
>
> $$全课练习密度 = \frac{1040}{2700} \times 100\% = 38.5\%$$
>
> 这节课的练习密度为 38.5%。

四、组织练习的注意事项

1. 承上启下，衔接自然

练习与练习之间的衔接要自然、紧密，不要有较大的时间和空间间隙。上一项练习的结束最好能成为下一项练习的开始，这样可以节省调队和组织教学的时间，加大练习密度。例如，教师在带领学生四列横队做完徒手操或球感练习之后，发出向左看齐的口令把队伍调整为密集队形，然后一个"向右转"的口令，便可以直接开始下一个用四路纵队进行的运球接力或其他以纵队形式进行的练习。

2. 形式简洁，注重实用

各项练习内容的形式要简洁、实用，不能追求华而不实、形式主义。课堂上要尽量减少不必要的调队，能用一种队形完成的练习就不要再次变换队形，更不要随意变换练习场地。要充分利用现有场地和器材，使场地器材物尽其用、一物多用。例如，用两个标志桶摆放在地上，就可成为小球门；把标志桶放在队伍前面一定距离处，就是学生往返跑的折返点标志；足球既可用来运和踢，又可用来作为素质练习的辅助器具。

3. 主次有序，合理搭配

一节体育课基本上是由练习组成的身体活动过程，但各种练习发挥的作用是不同的。一节体育课的各种练习应当主次有序、合理搭配、分量适当、相辅相成。有的练习是主教材内容的呈现，应是最主要和分量最重的练习，例如初学脚内侧踢

球时,两人之间的相互转接球练习。有的练习主要起热身、动员作用,其分量可根据需要酌情增减,如热身活动时的徒手操。有的练习对所要学练的动作起诱导和迁移作用,是帮助学生体会动作技术要领和肌肉感觉的,一般应安排在所学动作练习之前先行出现,如各种无球模仿练习。有的练习具有辅助、调整、放松等作用,可根据需要适时、适量安排,如课课练、肌肉放松等练习。一节课只安排一种练习"单打独斗",或虽然安排了很多练习,却主次不分、生硬堆砌,都难以取得良好的教学效果。

4. 合理使用调控信号

调控信号是指由教师发出的,用来指挥和调控学生开始或停止练习,加快或放慢练习速度,缩小或加大练习间隔的各种口令、提示、哨音、手势等教学信息。

教师口令与提示是足球课上使用最多的调控信号,如"预备——开始""停""加快速度""放慢一点""加大间隔""衔接紧一点""注意节奏"等。

哨音也是教师常用的调控信号,尤其在大班额、大场地情况下。由于哨音的音量较大,所以可起到口令起不到的作用。教师应该通过专门练习,使学生熟悉自己哨音信号的含义,以便更有效地调控课堂秩序。例如,发出短促哨音,表示开始练习;发出长声哨音,表示停止练习;发出急促而断续的哨音,表示马上中断练习、注意听教师指示等。

手势也可用来调控练习。例如,让学生根据教师的手势改变运球方向,根据教师身体动作做出相应的运球过人动作等。让学生根据视觉信号调整动作,更符合足球运动技能的开放性特点,有利于培养学生良好的观察习惯,有利于提高学生根据外部环境变化快速判断和采取行动的能力。

五、怎样应对大班额足球教学

由于受到多方面因素的影响,大班额现象目前在我国不少地区和学校仍然存在。大班额非常不利于以运动技能为主要学习内容的体育教学,尤其是足球课的教学。要在有限的体育场地内和开放的空间里,组织六七十名甚至更多的学生有序地从事足球练习,这给教师的课堂组织管理带来不少困难。如何有效组织大班额足球教学是一个值得研究探讨的现实问题。

大班额现象给足球教学带来了诸多困难和弊端，使得足球教学组织管理工作的难度加大，不安全因素增多，练习密度减少，难以区别对待、因材施教等。体育教师在教学实践中摸索出一些应对大班额的办法，对于弱化大班额足球教学的弊端可以起到一定的作用。列举以下几点管理方法供体育老师参考。

1. 加强课堂组织管理

在大班额足球教学中，如果没有一套严格的课堂教学常规和纪律约束，教师很难有效地组织众多学生进行有序的足球练习。所以，大班额足球教学一定要严格执行课堂教学常规，严明组织纪律，做到令行禁止、能放能收、活而不乱、严而不死。教师可专门制定一套足球课堂教学常规，使每个学生都熟知并能自觉遵守这些常规。例如，必须在规定的场地内按照教师要求进行练习，不能随意离开练习场地；不准随意将球大力踢出场外；教师发出暂停信号后必须立刻停止练习；足球滚动出场地外时应马上跑步将球捡回；等等。

2. 改善场地器材条件

大班额的学校一般是经济条件较为优裕的学校，体育教师应积极向学校领导反映情况、提出建议，如制定科学合理的规划、改善学校足球场地器材条件、把足球场地器材的建设纳入学校议事日程并提高其紧迫程度。教育部制定的《中小学校体育器材配备目录》，是按照中学每班48人、小学每班40人的标准设计的。存在大班额现象的学校要根据学生人数，按相应比例增加体育器材数量，以满足足球教学的需要。

实验证明，场地器材数量的充足可在一定程度上弱化大班额产生的练习密度小的弊端。例如，能保证两人一个足球和一块足球场地，便可以有效提高足球课的练习密度，取得了较好的练习效果。

3. 合理选择学习内容

有些足球学习内容对场地、人数等有较高的要求，如对抗条件下的运球过人、边路传中、二过一配合，以及5对5、8对8的小场地比赛等。但有些内容对场地、人数等并无太高的要求，如各种熟悉球性的练习、运球绕障碍、短距离传接球、传抢游戏等。教师应根据本校实际情况，科学合理地选择那些便于大班额练习的内容，尤其是那些便于集中同时练习的内容。《教学指南》中设计了丰富的学习内容，给教师提供了充分的选择空间。学校应根据本校实际,合理选择适合本校的足球学习内容开展教学活动。

4. 采用分组练习形式

传统体育教学关于分组教学的理论对于解决大班额足球教学问题仍具有重要意义,分组练习的形式可有效缓解人数过多与器材短缺的矛盾。例如,可以采用分组不轮换的方法上课,教师重点辅导其中一组,另一组按照教师布置的任务自主练习其他内容,下一次课两组再行轮换;也可以采用多组练习的形式,把学生分成若干小组,练习同一内容或根据兴趣选择不同内容进行练习,教师进行巡回辅导;还可以在球场上划出若干个区域,每个区域安排一种练习内容,如传抢游戏、一对一运球过人、连续传接球、踢准比赛等,在学生自主选择练习内容的基础上适当加以调整,分组练习一定时间后各组轮换练习内容。总之,有效利用分组练习的形式,可以增加练习时间、提高练习效果。教师应着力培养小组长作为学生体育骨干,使他们成为体育教师的无形延伸和得力助手,带领小组在教师的指导下开展各种活动。

教师在备课时应精心设计练习的组织形式和场地器材的使用方法,使场地器材能充分发挥作用、物尽其用,使学生能获得更多的练习机会与次数。例如,可多采用班级同时练习的形式进行各种熟悉球性练习、运球练习、素质锻炼;可适当增加分组数量,采用分组依次练习的形式组织各种传接球、运球练习等。

5. 有效运用同伴互助

有研究证明,学生在学习之后立即运用所学内容,或者让他们担任小老师去辅导其他学生,则学习的效果最好。让足球技能较好的学生担任小老师辅导其他同学练习,既能帮助暂时落后的学生提高学习成绩,又能促进自身的发展与进步,是一种双赢的学习策略,也是一种应对大班额体育教学的有效方法。

体育教学中的同伴互助主要包括同学之间的相互模仿与帮助以及相互指导与评价等。在大班额条件下,教师很难顾及所有学生的足球技能掌握情况,也无法对每个学生进行一对一的有效辅导。在这种情况下,同伴之间的模仿、互助与指导可以成为一种重要的合作学习方式。教师应熟知哪些同学具有足球技能优势,然后把它们分散到各个小组中去,让他们担任小老师去辅导其他同学练习,让他们的动作成为其他同学模仿练习的对象,让同伴互助在足球运动技能的学习中发挥更好的作用。

6. 转变传统教学观念

人们习惯了一种事实,好像体育课应该是纪律严明、整齐划一的兵操式的训练,这种观念根深蒂固、影响深远。现代教学理念并不排斥整齐划一的操练,但认为教学过程的一切活动都应该以达成学习目标为主,足球课并不需要每节课都进行整齐划一、呆板机械的操练。不少体育教师感觉大班特别难教,主要难在不易组织教学、不便统一练习、不易整齐划一。其实,只要学生都在运动场上练习足球,都在按照教师的安排进行各种活动,教学场面乱一点并不是什么大问题。一味追求整齐划一的观赏效果,其结果是忽略了学生的实际感受和运动需求。因此,转变教学观念、调整教学行为、变生硬死板的足球课堂为生龙活虎的足球课堂,这也是应对大班额足球教学问题的一个新思路。

第五节 足球练习常见动作错误纠正

足球课上学生常常会发生这样或那样的动作错误,如踢球部位不准、运球用力不当、运球变向时机不对等等。教师了解足球学习中动作错误发生的一般原因及其纠正方法,有助于提高足球的教学质量,有利于促进学生更快更好地掌握足球运动的技能。

一、发生动作错误的一般原因

一般来说,足球练习中发生动作错误的原因主要有以下几种:

1. 练习时间不足

足球运动技能的掌握是一个逐渐习得的过程,没有足够的练习时间和次数,就不可能熟练掌握和运用所学的运动技能。即便是一个简单的踢球或运球动作,也需要经过多次反复练习才能达到熟练和运用自如的程度。

在学习足球技能的初期阶段,由于练习的时间和次数不足,学生最容易发生如动作不协调、多余动作多、击球部位不准、运球时推拨力量过大等各种动作错误。

2. 运动能力不强

必要的运动能力是掌握足球运动技能的基础。运动能力一是指力量、速度、耐力、灵敏、柔韧等体能素质和身体协调性,二是指情绪、意志、性格、思维、记忆、知觉等心理素质。运动能力不强是导致学生在足球学习中发生各种错误的重要原因之一。例如,协调性不好,容易导致接球动作生硬;腿部力量薄弱,容易造成踢球距离过近或踢不起凌空球;胆小怯懦,对抗性练习中容易出现动作变形。

3. 动作要领不清

学生对所学动作的方法与要点不清楚,会影响学习掌握运动技能的进程,影响运动技能的发挥和运用,这也是导致学生出现动作错误的重要原因之一。例如,学生不了解脚背内侧踢凌空球的要领,很容易导致击球部位不对而无法踢出凌空球;不懂得运球时如何掌握推拨力量,很容易失去对球的控制;等等。

4. 教学方法不当

教学方法是指教师和学生在教学过程中,为完成教学目标而采取的教与学行为和练习方法的总称。它是学生在教师指导下进行学习、锻炼并获得发展的过程。教学方法出现失误或不尽合理,也会导致学生出现动作错误,影响学生掌握以及运用运动技能的进程。例如,教师对小学低年级学生采用看图片的方式学习脚背正面运球,结果导致很多学生做成了脚背正面踢球;让低年级小学生学习脚背外侧踢球等难度较大的动作,导致大面积学生踢不好而影响学习热情;过多进行踢球动作的分解练习,导致学生踢球动作脱节。

二、常见动作错误的纠正方法

纠正练习中的动作错误对于提高学生的练习兴趣、正确掌握运动技术、提高足球教学质量有着十分重要的意义。教师给出的纠错方法是否合理有效,对学生掌握足球技能的进程具有重要影响。体育教师在足球教学中,应根据学生练习中出现的错误,认真分析原因,有针对性地设计纠错方法,帮助学生尽快掌握和运用运动技能。

教师在纠正学生动作错误时必须首先认识到,学生处在练习所学动作的初始阶段,往往是通过尝试的方法进行练习的,尝试性练习在足球学习的初期阶段是一种重要的学习方法。因此,学生在尝试性练习足球动作时出现各种错误是正常现象,极少有学生在第一次尝试完成动作时就是准确无误的。尝试性练习是大多数学生在学习足球技能时必然经历的一种练习方法,学生正是在反复尝试的过程中,不断得到关于错误的反馈信息,不断对肌肉用力的大小、时机、方向等各种要素加以调整,从而不断改进动作技术,使动作逐渐趋于正确和完美。从这种意义上说,尝试及尝试中出错对于学生学会学习和心理发展具有重要而特殊的意义。所以,教师应冷静对待学生在练习中发生的动作错误,并不断向他们发出反馈信息,帮助他们纠正错误和较快掌握动作,决不能因为学生发生动作错误而着急、生气甚至发火。

常用的动作错误纠正方法主要有语言纠正法、条件纠正法、练习纠正法、视频纠正法等。

1. 语言纠正法

语言纠正法是体育教师运用语言或者特定的口令提示,对学生在学习运动技能时发生的错误进行指导、强调和提示,以纠正学生的动作错误与偏差,使学生尽快掌握所学运动技能的方法。如反复向学生讲解或提示动作要领,强调动作关键要点,提示用力的时机与大小,强调脚触球的部位以及击球的部位等。

2. 条件纠正法

条件纠正法是教师和学生共同创造一种特定的条件,或教师运用场地和器材设置条件,或改变完成动作的要求等,以纠正学生动作的错误与偏差,使学生尽快掌握所学运动技能的方法。如设置标志提示支撑脚站位,在脚的某部位贴上标志提示触球部位,降低动作的难度要求,降低完成动作的速度要求,添加或除去练习的对抗条件,在前方适当距离处拉一条限制线而要求把球踢过限制线等。

3. 练习纠正法

首先需要指出的是,无论哪一种纠正错误的方法,都必须通过学生的反复练习来实现纠错的目的。练习纠正法特指教师根据学生在学习足球技能时产生的错误及其原因,运用针对性的练习方法,来纠正学生的动作错误,帮助学生尽快掌握所学动作技能的方法,如反复模仿练习、反复体会关键技术的练习、加快或放慢速度的练习、按照一定节奏的练习、简化动作的练习等。

4. 视频纠正法

视频纠正法是指采用录像的方法,把学生动作错误录制下来并回放观看,以发现和纠正动作错误的方法。利用手机的视频拍摄功能,可以方便地录制学生的动作错误并回放观看,帮助学生观察并发现自身的动作错误。

三、常见动作错误纠正示例

下面提供一些足球技能的常见动作错误及其纠正方法,供体育教师参考。

1. 脚背正面踢球

易犯错误:

(1) 踢球时支撑脚的位置靠后,造成踢球时身体后仰而踢到球的后下部,使踢出的球偏高。

纠正方法:用线标出支撑脚的位置,要求支撑脚脚尖朝向出球方向反复练习,并结合固定实心球体会脚触球的部位,要求身体稍前倾,重心及时跟上。

(2) 摆动腿前摆时,小腿过早前摆,造成直腿踢球,出球无力。

纠正方法:强调小腿摆动时机,要求摆动腿的膝盖接近球的垂直上方时,加速摆动小腿。

2. 脚内侧踢球

易犯错误:

(1) 踢球脚没有外展,脚触球部位不对。

纠正方法:两人一组,一人用脚踩住球,另一人反复踢固定球,体会脚触球部位。

(2) 踢球时脚踝放松,踢球无力。

纠正方法:踢固定球或实心球以模仿练习,用语言强调脚触球时脚踝保持紧张状态。

3. 脚背内侧踢球

易犯错误:

（1）助跑方向不对，支撑脚位置偏后，易把球踢高。

纠正方法：用线标出助跑方向和支撑脚的位置，要求支撑脚脚尖朝向出球方向进行练习。

（2）踢球脚脚尖外转不够，接触球的部位不正确。

纠正方法：踢定位球或实心球以模仿练习，强调脚触球的部位。

4. 脚内侧接球

易犯错误：

（1）接地滚球时，踝关节过于紧张，后撤时机掌握不好，使球反弹出去。

纠正方法：讲清楚动作要领，反复做后撤缓冲的模仿练习，强调踝关节放松，用脚内侧部位停、接球。

（2）抬脚过高，球从脚下漏过。

纠正方法：脚下放一个球，对着球反复体会抬脚的高度。

（3）接反弹球时，对球的落点判断不准，使球漏过或停不稳。

纠正方法：互抛互接，反复练习，强调抬脚不宜过高或过低。

5. 脚背正面或外侧运球

易犯错误：

（1）运球脚直腿前摆，难以控制推拨力量。

纠正方法：强调运球脚屈膝提起后自然下放推拨球，慢跑中运球体会推拨力量。

（2）脚触球部位不准确。

纠正方法：反复利用实心球体会、改进动作。

（3）人球分离。

纠正方法：多做陡手模仿的练习，运球过程中要保持身体稍前倾、重心略下沉的状态。

6. 脚背内侧运球

易犯错误：

身体重心过高或侧倾不够，影响运球变向。

纠正方法：提示学生运球过程中要保持重心稍下沉、躯体略侧倾的状态。

7. 头顶球

易犯错误：

（1）顶球过早或过晚

纠正方法：先做原地顶悬吊球练习，然后做一抛一顶练习，反复体会顶球用力的时机。

（2）顶球时闭眼，缩脖，不敢主动迎球

纠正方法：反复练习顶悬吊球，要求颈部紧张，目迎球、送球。

> **知识窗**
>
> **影响踢球效果的因素**
>
> 　　踢球的效果主要反映在准确性和速度上。踢球的准确性主要取决于支撑脚的站位、踢球腿摆动方向、脚触球部位和击球点等；球的飞行速度主要取决于助跑、踢球腿摆动幅度和速度（摆腿幅度大有助于获得较快的摆动速度，而摆腿速度越快踢球力量就越大）。以上多种因素的最佳结合，会使你踢出的球既准确又有力。

第六节　足球课身体素质课课练

　　身体素质课课练是我国中小学体育课的一种锻炼形式，即每节体育课都要拿出5～10分钟时间，组织学生进行身体素质锻炼。课课练是应对我国青少年学生身体素质持续下降的有效策略，也符合体育与健康课程的基本性质，对于解决由于班级人数过多导致的体育课练习密度偏低、运动负荷不足等问题，也具有十分重要的现实意义。足球运动是一种对参与者身体素质要求很高的运动项目。没有良好的身体素质，就很难适应足球运动高强度对抗的需求。因此，在足球课上实施身体素质课课练，把课课练与足球学习内容有机结合，可以使技能学练和体能锻炼相互促进、相得益彰，有效提高学生的足球技能和身体素质水平，符合足球运动的项目

特征和学习需要。

一、怎样设计与组织身体素质课课练

中小学足球教学中的身体素质课课练,应突出足球运动项目和专项体能特征,适应广大学生参与足球运动的实际需求,把身体素质练习和足球技能学习有机结合起来,把一般身体素质练习和专项身体素质练习有机结合起来。足球教学中设计与组织身体素质课课练,必然面临并且必须解决练什么、练多少、何时练、怎么练等几个问题。

1. 练什么

练什么是一个选择课课练锻炼内容的问题。课课练的内容最好能和本节课主要学习内容有所联系并相互促进,最好能合理利用原有场地器材,最好对场地器材没有特殊要求,最好能易学易练、便于组织。如本节课学习内容是脚内侧踢球,课课练可以安排发展平衡与协调能力的后退跑传接球、单腿站立回传球等练习。如本节课学习内容是运球变向过人,课课练可以安排变向跑练习和"大渔网"游戏,以发展学生身体的灵敏性和协调性,提高突然变向能力。

一般来说,常用的一般的身体素质练习方法都可以在足球课上运用,但教师最好能开动脑筋,创新思维,利用足球场地和足球特性,创编新的锻炼方法与形式,或对原有方法与形式进行改造,使之更加符合足球课特点。如利用足球作为障碍物进行各种跳跃练习和发展灵敏性的游戏,利用足球场地做各种奔跑类练习或游戏,利用绳梯发展脚步动作灵活性和协调性,利用移动中的传接球或单腿支撑传接球发展学生灵敏性和平衡能力,等等。

2. 练多少

练多少是一个合理安排课课练时间和运动负荷的问题。课课练的时间不应过于机械,一般可掌握在5～10分钟。教师可根据本课足球技能的难度和学生的学习进度,灵活安排每节课的身体素质课课练时间。如本节课足球技能的学练难度较大,运动负荷也较高,课课练可适当缩短时间;如本课足球技能学练难度较低,运动负荷也不大,课课练时间可适当加长。

每项练习的数量、强度和时间等,应根据学生体能水平现状、生理承受能力等因素来灵活确定。一般情况下,课课练进行中,学生出现身体有汗、呼吸急促、心跳加速等现象是正常的,但一般不应该出现动作失调、面色苍白,甚至呕吐等现象。一旦有上述现象发生,教师应立即调整运动负荷,并对出现症状的学生作出针对性处理。

3. 何时练

何时练是一节课上什么时候进行课课练的问题。课课练在课堂上的出现时间,应以遵循人体生理规律、尊重练习内容特点、保证锻炼实效等为原则。一般情况下,发展柔韧、灵敏、反应、速度的练习,可在学生体能和精力充沛、注意力集中、神经系统兴奋性较高的时候进行,可适当穿插安排在准备活动之中或准备活动之后练习,如热身活动时做压腿、踢腿、体前屈、跪坐后躺、各种提高反应能力的游戏等。发展肌肉力量、力量耐力、心肺耐力的练习易引起身体疲劳和肌肉酸软感觉,可安排在课的结束部分之前进行,如俯卧撑、立卧撑、引体向上、仰卧起坐、20米连续折返跑、5分钟定时跑、1000米定距跑等。

4. 怎么练

怎么练是一个以什么样的形式组织学生进行锻炼的问题。课课练宜采用集中、同时练习的形式进行,以保证全体学生都有足够的练习次数,承受适宜的运动负荷,如全班学生同时进行俯卧撑、立卧撑、踢腿、体前屈、独立平衡、折返跑、加速跑等练习。有的可以计数、计时的锻炼内容,可以把学生分成两组,一组练习,另一组计数,然后交换练习,如一分钟十字象限跳、一分钟快速仰卧起坐、一分钟立卧撑等,这样既能提高练习质量,也可使学生获得休息时间。有些内容必须采取依次练习的形式,如蛇形跑或变向跑接力、绳梯练习等,教师应采取增加分组、缩短间隔等措施,保证课课练有足够的练习密度。

可能的情况下,教师应赋予身体素质课课练一定的趣味性,如增加竞争因素、变化练习形式、变化练习要求、变化练习器材等,以激发学生的锻炼兴趣、增强锻炼效果。

> **知识窗**
>
> ### 什么是体能
>
> 体能(Physical Fitness)一词最早源于美国,广义上指人体适应外界环境的能力。中国港台地区的学者将之翻译为"体适能"。1992年出版的《教练员训练指南》认为:运动素质又称体能,是运动员机体在运动时所表现出来的能力,一般包括力量、速度、耐力、柔韧和灵敏。2000年出版的体育院校通用教材《运动训练学》认为,体能是指运动员机体的基本运动能力,由身体形态、身体机能和运动素质组成。有学者把体能分为运动体能和健康体能两大类。

二、各水平段身体素质课课练参考内容

水平一

柔韧练习——横叉、纵叉、压肩、压腿、跪撑后仰摸脚踝、仰卧推起成桥、跪坐后躺、坐位体前屈和立位体前屈等。

灵敏练习——"8"字跑、绕杆跑、变向跑、各种发展灵敏的游戏等。

反应练习——看信号起跑、看信号做动作、慢跑中模仿教师动作、模仿同学动作、与听数抱团相似的各种发展反应能力的游戏等。

水平二

柔韧练习——参见水平一推荐内容。

灵敏练习——向前、向后、向左、向右跳越直线、十字象限跳、三点移动(方法见后)、"8"字跑、蛇形跑、折返跑、变向跑、绳梯练习、与抓尾巴相似的各种发展灵敏性的游戏等。

平衡练习——高抬腿跑中听信号变单腿支撑、各种单腿支撑的平衡、左右碰肩及跳起左右碰肩、后退跑中用手完成传接球、"斗鸡"游戏、体操和瑜伽中的各种平衡动作等。

水平三

灵敏练习——向前后左右跳越足球、后退跑中脚内侧传接球、与躲避球和"溜猴抢圈"相似的各种游戏等。

速度练习——听信号起跑抢球、听信号追逐跑、圆圈追逐跑、快速仰卧起坐、15秒快速跳绳、短距离折返跑、原地快速高抬腿跑、抢先射门游戏等。

平衡练习——单腿独立支撑用脚"写字"、单腿支撑另一脚连续拉球围绕身体转圈、单腿支撑一脚回传同伴抛来的空中球、体操和瑜伽中的各种平衡动作等。

水平四

速度练习——20秒快速跳绳、30秒快速立卧撑、短距离折返跑、30米追逐跑、原地快速高抬腿跑、与起跑追球相似的各种游戏等。

弹跳练习——向各方向跳越足球、立定跳远、多级跨步跳、屈腿跳、分腿跳、转体跳、弓步换腿跳等。

耐力练习——定时跑、定距跑、800米跑、1000米跑、20米有短暂间歇的折返跑(规定时间内连续跑)等。

水平五

力量练习——单杠引体向上、双杠支撑臂屈伸、俯卧撑、立卧撑、仰卧起坐、俯卧挺身、负重搬运接力(背着同学短距离接力跑)、各种核心力量的练习方法等。

耐力练习——参见水平四推荐内容。

附一：十字象限跳测试方法

1. 目的

发展身体灵敏素质。

2. 场地器材

在一块平地上面画一十字象限(线长1米)、秒表。

3. 方法

站立于起始线后,听到信号后即跳入第一象限,然后依次跳入第二、第三、第四象限。按此法反复跳10秒,每跳入第一象限计一次。记录10秒钟的正确次数,取最佳成绩。

4. 注意事项

跳十字象限时必须双脚跳起,同时着地,踏线或踏错象限不计其次数,从错处继续接着依次跳,测2次或3次,每次10秒钟。

附二：三点移动测试方法

1. 场地

在平整、干净的场地上画出边长为 3.6 米的等边三角形，在 3 个顶点处以 0.2 米为半径画 A、B、C 3 个圆圈。

2. 测试方法

受试者单脚触 A 圈，身体在起点线外站立，用单脚依次触 B 圈、C 圈。听到发令后，受试者沿 A→B→C 按逆时针方向移动，当脚再次触及 A 圈时，即为完成一次，共进行 3 次。最后一次触及 A 圈时，身体要越过终点线。测试员发令即开始计时，当受试者完成第 3 次三点移动，并且身体越过终点线时，停表并记录成绩。

3. 注意事项

练习者的脚必须踏入 A、B、C 3 个圆圈。

第七节　足球教学中的品德培养

品德是道德品质的简称，是个人根据一定道德行为规范行动时所表现出的稳定的特征或倾向。体育品德是人们在体育运动中应当遵循的行为规范及精神风貌的综合体现。例如，遵守规则、尊重他人、公平竞争；正确对待比赛结果，胜不骄、败不馁；勇敢顽强、积极进取、挑战自我、追求卓越等。随着《中国学生发展核心素养》的发布，体育品德已被列为体育学科核心素养的重要内容，培养学生体育品德必然成为足球教学的重要目标之一，在足球教学中怎样有效培养学生的体育品德也必然成为足球教学研究的重要课题。

一、足球运动的育人功能与特点

校园足球与竞技足球的最大不同之处，就在于校园足球首先是教育，然后才是足球。与竞技足球相比，校园足球更注重发挥足球的育人价值，注重足球的人口普及，注重足球苗子的发现。足球运动具有独特的育人功能，如可以磨炼学生勇敢顽强、果断坚毅的意志品质，可以培养学生遵守规则、团队合作的良好品德，可以锤炼学生积极进取、追求卓越的体育精神,等等。这些都是毫无疑问的。但足球运动激烈的对抗竞争、频繁的身体接触、严厉的规则判罚等特点也导致了足球在育人方面存在两面性。例如,在张扬竞争意识、培养团队精神、学会理性对待胜负的同时,也存在滋生恶意报复、肢体冲突、投机取巧、抵制判罚等不良行为发生的可能。因此,体育教师在足球教学中,必须充分发挥足球运动育人功能的正能量,加强对学生体育品德的培养。

深入分析足球运动培养体育品德的功能及其实现条件,可以发现足球运动的竞争性、规则性、合作性、挑战性等基本要素,乃是其培养学生体育品德的重要载体和主要路径。因此,要发挥足球运动在培养体育品德方面的独特功能,就必须在足球的学练过程中高度彰显和充分利用足球运动的合理要素,在教学活动中创设必要的、特定的情境和条件,使学生在特定环境的熏陶下,在榜样力量的带动下,在规则的约束和限制下,逐步形成习惯化的行为方式,养成良好的体育品德。

二、实现足球运动育人功能的条件

根据以上分析,通过足球运动实践培养学生的体育品德,应努力满足以下四个条件:

1. 有竞争

没有竞争的体育必定索然无味,没有竞争的足球技能学练过程难以培养学生的体育品德。没有竞争,就没有胜负;没有胜负,就难有胜负之后的情绪体验,难有胜不骄、败不馁的情绪调控,也难以激发进取之心、挑战之勇和竞争意识。

2. 有约束

有竞争必有规则,没有规则约束的竞争必定混乱一团,没有规则约束的足球学练过程也难以培养学生的规则意识和行为规范。体育课堂纪律和教学常规是约束,游戏方法是约束,各种比赛规则也是约束。学生只有经常在规则约束下从事竞争性活动,才有可能逐渐形成规则意识和遵守规则的行为习惯。

3. 有合作

没有合作互助的竞争注定难以取胜,足球运动尤为如此。缺失合作互助的足球学练过程难以培养学生的合作意识和互助精神,也无法获得助人为乐的道德情感体验。足球运动中充满了合作互助的场景和时机,如各种接力游戏、各种双人的对抗性练习、各种战术配合以及各种小型比赛等。教师应当自觉利用这些场景和时机的教育价值,使学生在与他人合作互助的过程中体验助人与被助的快乐,使学生形成助人为乐的道德情感和乐于助人的道德行为。

4. 有难度

没有适宜难度的足球学练无须学生付出足够的意志努力,因此也就难以培养学生的勇敢顽强、挑战自我、积极进取、追求卓越等的体育精神。只有乐趣没有难度的足球技能学习内容,可能会换取短暂的直接兴趣,却难以维持持久的练习过程。只有所学内容的难度略高于学生的现实水平,使学生跳起来可以摘到果子,学生才可能付出意志努力去勤学苦练,才可能在掌握技能后获得成功的体验,也才可能逐步形成积极进取、追求卓越的体育精神。

三、创设条件和情境,培养学生的体育品德

足球运动的育人功能不是通过单纯说教,而是通过足球运动实践的磨炼实现的。体育教师在足球教学的过程中,除了本书第一章谈到的几种德育方法之外,还应当努力创设有竞争、有约束、有合作、有难度的学练情景和条件,有意识地让学生在特定的环境中和条件下接受熏陶和影响,使学生逐渐养成规范的行为习惯和形成良好的体育品德。

1. 创设竞争条件

教师在足球教学的过程中,应根据所学内容的特点和实际需要,适时安排教学内容比赛、竞赛性游戏、体能与技能测试等活动,使学生在竞争中体验足球运动的乐趣以及培养竞争意识和进取之心,在胜利中体验成功的快乐,在失败中学会面对挫折以及提高抗挫折能力和情绪调控能力,学会正确对待比赛结果,学会尊重对手和欣赏对手的精彩表现。

竞争性活动的设计应有利于学生改进和提高动作质量。一般来说,在学生能正确做出所学动作之后,就可以设计并实施适宜的竞争性活动,如各种对抗性的足球练习、竞赛性游戏、5对5或8对8的小场地比赛、特定规则的教学比赛等,促使学生在活动中学会应用和巩固提高所学动作技能,学会怎样正确对待胜负,学会合

理调控自己的情绪,逐渐形成竞争意识和进取之心。

2. 加强规则约束

足球教学过程中,教师应充分利用竞争性活动的规则效应,制定并严格执行课堂常规、竞赛与游戏规则,帮助学生形成良好的体育行为规范,使学生在运动实践中逐渐学会遵守规则、服从判决、形成规则意识。教师在组织对抗性足球练习时,尤其是组织比赛活动时,应首先明示竞赛规则、严明行为规范,使学生在规则约束下有序地开展活动。

规则意识的培养应注意信息反馈的即时性。当学生遵守规则时,教师应及时提出表扬;当学生违反规则时,教师应及时提出批评。这样才能收到较好的强化效果,帮助学生明辨是非、分清对错,从而使他们形成遵守规则的行为习惯。对小学生应该以奖励、加分、表扬等正强化手段为主,鼓励学生的遵守规则行为,促进学生规则意识的形成。

> **知识窗**
>
> **足球比赛中的红牌和黄牌**
>
> 当球员在比赛中发生较严重的犯规时,裁判会对犯规球员出示黄牌给予警告,被黄牌警告的球员仍可继续比赛。当球员在比赛中发生严重犯规或第二次被出示黄牌时,裁判会举起红牌令球员离场。在此情况下,被罚球员将不能继续进行余下的赛事,球队也不能用后备球员替补,需在缺人的情况下继续进行比赛。

3. 营造合作场景

教师应利用教学过程中一切可能发生合作互助的时机,把学生置于小组合作学习的场景中和条件下,明确个人在练习中的责任和义务,教会学生具体的合作互助方法,让学生在共同参与、协作配合的练习中相互帮助,建立信任、合作与互助的和谐关系,体验助人为乐的道德情感,形成乐于助人的道德行为。

各种双人或多人的足球练习、各种需要相互协作的足球游戏以及各种战术配合练习等,对于培养学生的合作意识、互助精神,促进人际交往具有良好的作用,是培养学生体育品德的有效途径和载体。

在足球比赛中，教师对于积极给同伴助攻并形成进球的学生，应给予高度的赞赏和鼓励；对只顾自己控球，有机会也不传给同伴的学生，应给予指导教育，以帮助其认识团队合作在集体性运动项目中的重要作用，使其逐步形成合作意识与互助精神。

4. 合理确定难度

难度太大的动作会挫伤学生的自信心，难度过小的动作不利于培养学生挑战自我和积极进取的体育精神。当所学动作的难度略高于学生的现有技能水平时，最能激起他们身体和心理的积极反应。体育教师应根据学生现有的足球技能水平，精心选择学习内容，确定所学动作的难度、数量与质量要求，促使学生在学练动作的过程中付出足够的意志努力，使他们体验战胜自我、获得成功的快乐，并形成顽强拼搏、追求卓越的体育精神。

动作的难度是可以人为赋予的，即使学生已经掌握的简单动作，教师也可以采取措施使其难度加大。例如，初中学生练习脚内侧传接球时，教师可以提出不停球一脚出球、移动中传接球等不同要求，以加大练习难度；高中生练习脚内侧传接球时，教师可以提高准确性、与运球过人组合运用等不同要求，以提高他们的应用能力。以上做法对加大动作难度、磨炼学生意志、培养体育精神具有积极的作用。

第八节 足球课安全隐患的规避

足球是一种攻防对抗强度和竞争激烈程度都很高的运动，运动中存在着一定的安全隐患。足球课堂安全隐患是指足球课上可能引发运动伤害和危及学生人身安全的各种潜在因素。足球课堂安全隐患是发生运动伤害事故的重要诱因，对足球教学质量具有破坏性影响，必须引起体育教师的高度警觉。体育教师必须采取有效措施加以规避，以保证足球教学活动的正常和顺利进行。

一、足球课存在哪些安全隐患

隐患既然是潜在的不安全因素，就具有一定的隐蔽性，虽然有可能引发伤害事故,但不一定必然发生伤害事故,所以往往容易被人们视而不见、置若罔闻,这就使安全隐患具有了更大的危险性和破坏性。要科学有效地规避安全隐患,首先必须了解足球课堂上存在哪些安全隐患。只有了然于心、居安思危,才能防患未然、有备无患。

1. 与练习内容有关的安全隐患

由于受人体的生理特点和练习内容本身的技术特点的影响,有些运动伤害往往发生在某些特定的练习内容上。或者说某些身体练习特别容易发生某些运动伤害,两者之间存在一定的联系性。例如,踢球动作部位主要是脚踝以下,因此容易造成踝关节和脚趾等部位的受伤;让学生经常大量地、长时间地在硬地上奔跑,容易发生胫骨和腓骨的疲劳性骨膜炎;在对抗性练习和比赛中易发生因相互碰撞而引发的挫伤;在不平坦的地面上快速运球容易发生跌倒而引发擦伤或扭伤等(图2-8-1)。

图 2-8-1　与练习内容有关的安全隐患

2. 与学生体能有关的安全隐患

由于学生的体能素质水平较低,缺乏从事某些专项运动所需要的足够力量、柔韧和灵敏等素质,在进行那些力不从心,或对柔韧、力量等素质要求较高的身体练习时,往往容易发生伤害事故。例如,学生大腿后群肌肉的柔韧性较差,在快速奔

跑中大腿用力前摆时，容易发生后群肌肉的拉伤；学生平衡能力较差，容易发生跌倒而造成各种擦伤、挫伤或扭伤；学生腿部力量及柔韧性较差，大力踢球时容易发生肌肉拉伤等。

3. 与组织练习有关的安全隐患

教师在组织练习的方法上也存在安全隐患。例如，不组织或带领学生做好充分的热身活动，就安排学生进行强度或难度较大的练习，这样很容易诱发各种运动伤害，尤其在天气寒冷时更是如此。再如，让学生近距离地面对面练习踢球，容易不小心将球踢到对方面部从而造成身体伤害。另外，安排两个身高、体重、体能条件悬殊的学生为一组，进行对抗性练习，也容易对弱小学生造成伤害。

4. 与场地器材有关的安全隐患

场地不平坦、器材安装不牢固、器材本身有缺陷（如标志物过于尖锐、坚硬、光滑）等，是发生运动伤害事故的常见隐患。例如，学生在凹凸不平的场地上活动，很容易发生踝关节的扭伤；在湿滑的地面上运动，很容易滑倒而引发伤害；练习中尖锐的金属标志物，容易对学生造成刺伤；等等。

5. 与气候和环境有关的安全隐患

恶劣的气候和环境因素也是发生运动伤害事故的重要隐患。例如，气温过高、湿度过大，容易发生中暑；光线昏暗、照明不足，容易使双方发生碰撞而导致伤害；气温过低，容易造成肌肉韧带的拉伤或者冻伤；风沙天上体育课，沙子容易吹进眼里；经常在雾霾天上足球课，不良的空气容易对心血管和呼吸系统造成慢性伤害。雾霾是我国当前阶段体育课和大课间体育活动中一种新生的安全隐患，应当引起足够重视，并积极寻求对策。

> **知识窗**
>
> **软组织损伤的处理原则**
>
> 韧带与肌肉拉伤等属于软组织损伤，软组织损伤早期处理有个RICE原则，即受伤后要立即停止活动（Rest），对扭伤部位进行冷敷（Ice），然后加压包扎（Compression）、抬高患肢（Elevation）。如伤情不重，24小时后可进行热敷或按摩。

二、足球课安全隐患的规避

安全隐患只是有引发运动伤害的可能,不一定会发生运动伤害。例如,有的学生从未在足球课上发生过运动伤害;有的教师从事足球教学多年,也从未发生过课堂安全事故。这些案例说明只要教师思想重视、措施得力,足球课堂上的安全隐患是可以规避的。

一般来说,规避安全隐患、预防运动伤害的措施主要有以下几点:

1. 遵循人体生理规律和锻炼原则

循序渐进、因人而异、适宜负荷是预防运动伤害必须遵守的基本准则。体育教师要根据学生发展水平选择科学的身体练习内容和制订教学进度计划,根据学生的个体差异安排合理的运动负荷。例如,不要让小学生从事那些现阶段力不能及的动作(如跳起头顶球、倒勾踢球等),也不要让学生疲劳时继续进行强度较大的练习,不能强迫要求所有学生承担同样的运动负荷,不要让学生在不平坦的地面上做跳跃练习,也不要安排学生在坚硬的地面上长时间跑步或进行大量的跳跃练习。

2. 做好充分的准备活动

充分的准备活动可以使身体各系统器官预先动员起来,提高肌肉的伸展性,为将要从事的正式身体练习做好生理准备,从而有效降低运动伤害的发生概率。体育教师不但要带领学生做好准备活动,还有使学生明白准备活动的重要意义,学会准备活动的一般方法,培养学生养成准备活动的习惯和能力。一般来说,气温较低和练习强度较大时,准备活动的时间要适当长一些;气温较高和练习强度较小时,准备活动的时间可适当短一些。足球课应根据课的内容进行专门性的准备活动,充分活动下肢各关节等。

3. 养成定期和用前检查器材的习惯

对于足球场及周边的体育设施以及常用标志物,如足球门、肋木、平梯、标志桶、标志旗等,要养成定期检查和用前检查的良好习惯,一旦发现有不安全因素,要立即维修或加固,以防止发生意外的事故。在安装这些体育器材时,一定要有长期使用的意识和安全意识,切实保证体育器材的稳固耐用。足球课使用的各种标志物,应采用塑料或类似塑料的制品,不使用金属制品或其他材质的坚硬的、尖锐的制品。

4. 采用合理的练习内容与安全的形式

教师应设计和采用合理的练习内容与安全的组织形式,防止因组织不当而发生伤害事故。例如,不让学生近距离地面对面练习踢球;不让低年级学生学练他们力不能及的动作;不在凹凸不平的场地上快速奔跑或运球;组织对抗性练习时提出规则要求,防止学生发生激烈碰撞;教育学生树立防止伤害对手的责任意识,不做危险动作。

5. 不在恶劣的气候和环境中上足球实践课

不在恶劣的气候和环境中上足球实践课。例如,在高温天气、低温天气、雨雪天气、空气严重污染的天气,可以改上室内课,给学生讲授足球比赛规则、足球比赛欣赏等知识;不在湿滑的或凹凸不平的场地上足球实践课。要努力改善学校足球教学的场地条件,消除足球场地上的砖块、石子、饮料瓶等杂物。

附:足球视频课简评

1. 运球转体 180°射门(五年级)

图 2-8-2　足球课视频截图

教师以"运球转体180°射门"的动作示范导入新课,有效激发了学生的学习欲望。热身慢跑之后,便以领做的方式带领学生进行一个个循序渐进的练习,使同学们体会运球中踩球、各种方向的拉球、踩球后上步、踩球上步后转体、转体后拉球等动作,最后使大部分学生顺利做出"运球转体180°射门"的组合动作。教师寓教于练,把动作的学习融入一个个有序的练习之中,使练和学有机地融为一体。课堂虽不要求整齐的练习队形,但做到了形散神聚;教师没有长篇大论的讲解,但表述言简意赅。学生积极参与,认真练习,悉心体会,取得了良好的学习效果(图2-8-2)。

教师领做与示范的位置未能兼顾到全体学生,是本节课应该改进的地方。

2. 头顶球(七年级)

图2-8-3　头顶球视频截图

教师把足球场上观众的"人浪"动作引入本课,营造了一种浓厚的足球文化氛围。然后通过绳梯练习,进行热身活动,一方面提高了学生脚步动作的灵活性,另一方面也为后面的头顶球射门练习在形式上做好了准备。教师在头顶球动作示范之后,通过一个个循序渐进的练习,帮助学生体会头顶球的动作方法,并初步掌握头顶球技术。最后通过头顶球射门的接力比赛活动,把学生情绪推向高潮。教师用悬挂的呼啦圈作为头顶球射门的目标,有效增加了练习的趣味性,体现了教师合理利用器材的创意(图2-8-3)。

教师头顶球的示范动作还不够熟练,且有小失误出现,乃本课瑕疵。

第三章 足球学习评价

> **本章提要**:本章主要介绍了足球学习评价的目的和原则、评价内容与权重、评价主体与方法以及各水平阶段的评价建议,并附有教育部制定的《学生足球运动技能等级评定标准(试行)》,供老师们在足球学习的评价实践中参考使用。

足球学习评价是了解学生学练与掌握足球运动技能的总体情况、发现足球教学中存在的问题与不足、不断改进足球教学工作、提高足球教学质量、激励学生积极参与足球运动的重要手段。足球学习评价是以学生的足球运动技能掌握情况为主要评价内容,并结合学生的体能发展水平、足球学习态度与参与情况、意志表现与交流合作能力等,对学生进行的一种综合性评价。

 足球学习评价的目的与原则

足球学习评价是一种对学生的足球技战术掌握程度、体能水平、体育品德、态度与参与、情意与合作等情况进行测量和判断的活动。学习评价是学习过程中不可分割的重要组成部分,是学习活动的一种重要反馈调节机制,对于学生的足球学习具有诊断、反馈、鉴定、导向、教育等多种重要功能。

一、足球学习评价的目的

树立正确的足球学习评价目的,是科学合理地进行足球学习评价,发挥学习评

价诊断、反馈、鉴定、导向和教育作用的重要前提。

（1）了解学生足球技能的现状、体能水平以及达到各项学习目标的程度，为制订下一步的教学计划提供依据。

（2）查找、判断学生在足球学习过程中存在的问题及其原因，使学生明确改进的方向和努力的方向，帮助教师不断改进教学方法，提高足球教学质量。

（3）发现学生在足球运动方面的潜能，为学生提供展示个人能力、水平和个性的机会，激励和促进足球特长学生在足球运动方面的进步与发展。

（4）通过确定和宣告测评内容及其评价标准，引导学生在重点学习内容上分配更多的学习时间和精力。

（5）培养与提高学生自我认知、自我教育、自我发展的能力，促进学生足球学习的积极性和锻炼热情。

二、足球学习评价的一般原则与要点

1. 足球学习评价的一般原则

足球学习评价的一般原则是教师对学生进行足球学习评价时必须遵循的基本准则和要求，是体育与健康课程评价要求在足球学习中的具体体现，也是足球学习评价目的的具体反映。

（1）激励性原则

校园足球的学习评价必须坚持正确的方向引领，以激励学生积极参与足球学习活动为目的，充分发挥学习评价的诊断、反馈、导向和激励作用，适度淡化其甄别筛选作用。评价理念、内容与方法应和《体育与健康课程标准》保持一致。足球学习评价应在《体育与健康课程标准》提出的学习评价建议指导下进行。

（2）合理性原则

足球学习评价的内容和方法应和足球教学进度、学生实际水平等因素相适应，不能脱离足球教学的实际情况，不能凭教师的想当然制定评价内容、方法和标准。足球学习评价可以参考教育部制订的《学生足球运动技能等级评定标准（试行）》，以此来确定本校的足球课评价内容与标准，但又不能把一般足球课的学习评价和足球技能等级评定混为一谈。

(3) 反馈性原则

足球学习评价的结果应及时向学生反馈，使学生知晓自己的足球学习程度和发展水平。教师可以通过宣布测试成绩和等级、表扬鼓励、问题提示、总结点评等方式向学生反馈评价结果。过程性评价的反馈越及时效果越好。教师应注重利用课堂教学中的口头语言进行即时评价，以激励学生的足球学习热情。

(4) 可行性原则

足球学习评价的内容、方法、标准等应符合本校实际条件，符合常态体育课的一般要求，不需要特殊或复杂的设备与器材，在现有条件下和常态体育课上就能够操作完成。技能评价内容的数量与标准、评价一个学生的所用时间、各项评价内容的所占权重等，既要全面又要合理，还要符合实际、切实可行。

> **知识窗**
>
> **什么是学习评价的反馈功能和定向功能**
>
> 学习评价的反馈功能是指通过对学生学习情况的测评，给学生以客观、中肯的评价并让学生知晓自己的学习水平。
>
> 学习评价的定向功能是指用评价内容引导学生在学习时间和学习力量上的分配，促使他们更好地掌握学习的重点内容。

2. 足球学习评价的要点

足球学习评价的要点是指足球学习评价时教师应重点关注的评价内容。根据足球运动的项目特点和学生发展的核心素养在体育学科的体现，教师在对学生进行足球学习的评价时，可以从以下几个方面着手：

(1) 运动能力。运动能力主要评价学生掌握足球技能的程度、融入比赛的程度、比赛中的体能表现及应用技战术的表现等。

(2) 健康行为。健康行为主要评价学生上课的出勤率，着装符合要求的程度、对准备活动的重视程度，合作、互助精神与情绪表现等。

(3) 体育品德。体育品德主要评价学生在练习与比赛活动中自信与拼搏程度、规则意识、尊重他人的表现、比赛礼仪的表现等。

第二节 足球学习评价的内容与权重

足球学习评价的内容是指教师从哪些方面对学生的足球学习情况进行评价。根据《体育与健康课程标准》提出的学习评价要求,足球学习评价的内容应包括体能、知识与技能、态度与参与、情意与合作等几个方面。权重是指各项评价内容在评价总分中的所占比例。如技能评价占50%,体能占30%,态度与参与占10%,情意与合作占10%等。根据教育部颁布的《体育与健康课程标准》中的学习评价要求,笔者提出足球学习评价的内容与权重建议如下:

1. 知识与技能

知识与技能方面的评价主要根据足球学习的目标与要求以及教学实际进度,选择相应的足球知识、运动技能内容与指标,评价学生掌握足球知识和技能的程度,以及对所学知识和技能的应用能力等。足球技能的评价内容可参考教育部制定的《学生足球运动技能等级评定标准(试行)》,结合学校足球教学的实际进度,确定具体的评价内容。例如,采用行进间拨球、颠球等方法测试学生的控球能力和球感水平,采用定位球踢准测试学生踢球的准确性,采用运球绕杆测试学生运球能力,等等。

2. 体能

教师可根据足球教学实际需要,结合足球运动专项体能要求,参考《国家学生体质健康标准》和《学生足球运动技能等级评定标准(试行)》,确定足球学习评价中的体能评价项目及其指标。例如,采用短距离冲刺跑测试学生的速度素质,采用折返跑或绕杆跑测试学生的灵敏与速度素质等。

3. 态度与参与

态度与参与方面的评价主要对学生上足球课的出勤率、课堂表现、学习兴趣、积极主动地探究问题,以及课外运用所学知识和技能参与足球活动的行为表现等进行的评价。教师进行这部分内容的评价时,应注意做好平时的足球课考勤与表现记录,不能仅凭主观印象和好恶对学生作出判断。

4. 情意与合作

情意与合作方面的评价主要是对学生在足球学习和锻炼中的情感表现、意志品质、人际交往与合作行为等进行的评价。例如,学生在比赛中能否遵守规则、尊重对手,能否与同伴相互协作,是否具有勇敢顽强的拼搏精神,等等。

多元评价结构中,足球运动技能的评价应占主要地位,而且应随着学生年级的增长,逐步提高足球技能在评价总分中的比重。不同学段可根据具体情况,从实际出发,确定各项评价内容在总体评价中的权重。下表中的权重安排供教师们在足球学习评价中参考使用(表 3-2-1)。

表 3-2-1　各水平段足球学习评价内容权重(供参考)

学段	足球技能	体能	态度与参与	情意与合作	总计
水平一	30%	20%	25%	25%	100%
水平二	40%	20%	20%	20%	100%
水平三	40%	20%	20%	20%	100%
水平四	50%	30%	10%	10%	100%
水平五	60%	20%	10%	10%	100%

第三节　足球学习评价的主体与方法

足球学习评价主体是指由谁对学生的足球学习情况实施评价,足球学习评价方法是指怎样对学生的足球学习情况进行评价以及怎样使用评价的结果。

一、评价主体

1. 教师评价为主

足球学习评价应以体育教师的评价为主,教师在学生的足球学习评价中应起主要作用和最终决定作用。教师的评价应具有很强的权威性,须尽量做到全面和准确。教师要用发展的眼光来评价学生,以表扬和激励为主,并尽可能地向学生提供具体反馈意见以及改进与提高的建议等。

2. 学生自评为辅

足球学习评价以学生的评价为辅。教师应充分调动学生参与足球学习评价的主动性和积极性,使学生通过自我评价提高自我认知能力。学生评价的方式有自评、互评和小组内评价等。教师应加强对学生评价的指导,提高学生正确评价自己和他人的能力。

3. 参考他人的评价

足球学习评价也应把其他人员的评价作为参考。学生的足球学习需要得到各方面人士的支持和帮助,体育教师可征询班主任乃至家长对学生足球学习的评价意见,他们对学生的评价可以作为学生足球学习评价的参考。

> **知识窗**
>
> **学习评价的几种类型**
>
> 美国心理学家布卢姆等人把学习评价划分为诊断性评价、形成性评价、总结性评价三类。
>
> 诊断性评价是指在教学活动前,为使教学计划能够指导和调整教学进程所进行的评价。形成性评价是指在教学过程中,为使教学活动效果更好而修正教学运行进程所进行的评价。总结性评价一般指在课程或一个教学阶段结束后对学生学习结果的评定。

二、评价方法

1. 定量评价

定量评价是指采用时间、次数、距离等量化指标作为评价标准对学生进行的评价。定量评价的客观性较强,如用时间测试折返跑,用次数测试颠球、定位球踢准,用距离测试学生的奔跑能力等。

如颠球的评价标准(一级):10次=10分,9次=9分,8次=8分,7次=7分,6次=6分……

再如 10 米往返运球的评价标准（一级）：

≤7.2″=10 分，7.3″～8.0″=9 分，8.1″～9.2″=8 分，9.3″～10.0″=7 分，10.1″～11.1″=6 分……

各测试项目量化评价标准请参看本章后的《学生足球运动技能等级评定标准（试行）》。

2. 定性评价

定性评价是指教师通过观察学生的动作完成情况和比赛中的表现，采用评语或等级的方法对学生的学习情况进行评价。定性评价的主观性较强，主要由教师根据一定的评价标准，对学生掌握技能和战术的程度作出主观评判。如完成足球技能的熟练与协调程度、比赛中表现出的技术运用能力和战术能力、态度与参与、情意与合作等评价内容，这些都可采用定性的方法进行评价（表3-3-1）。

表 3-3-1　足球技战术等级评价标准（供参考）

评价	动作完成情况
优	能正确完成单个或组合动作，动作自然、协调、连贯、熟练、战术意图明显、配合默契
良	能正确完成单个或组合动作，动作比较自然、协调、连贯，有战术意图、能完成配合
及格	能基本正确完成单个或组合动作，动作不够自然、协调，有战术意图但配合不够协调
需努力	不能完成单个或组合动作，或动作不正确、不协调，完不成战术配合

具体评价时，教师可根据具体评价内容制定更加明确的评价标准。如小学低年级学生脚内侧踢球的定性评价标准（表3-3-2）。

表 3-3-2　小学低年级学生脚内侧踢球评价标准（供参考）

等级	脚内侧踢球
优秀	踢球部位正确，动作熟练、协调，踢出的地滚球有一定速度和准确性
良好	踢球部位正确，动作基本协调，踢出的地滚球方向基本准确
合格	踢球部位基本正确，动作不够熟练、不协调，踢出的地滚球不偏离大方向
需努力	踢球部位不够正确，动作不熟练、不协调，踢出的地滚球偏离大方向

对小学低年级学生还可采用评语的方式进行评价。如：

——小明同学喜爱足球运动，能积极参与足球学练，遵守课堂纪律。身体基本活动能力较强，能较好完成运球、传球、接球等多种基本动作，继续加油。

——小阳同学足球课学习认真,积极锻炼。运球、传球、接球等足球技能的熟练程度需提高。继续练习,你一定能行!

——小英同学喜欢踢足球,但练习时不够认真、细心,动作错误较多。希望今后认真练习,细心体会,不断进步。

如所教班级学生人数过多,教师的评语可以简单明了、言简意赅。如:

——模仿能力很强,能认真练习,望保持!

——足球动作掌握很好,希望多帮助其他同学并一起进步!

——练习积极性不高,动作不够熟练,加油!

3. 定量评价与定性评价相结合

对某些技术动作可采用达标与技评相结合的方法进行评价。例如,对踢球技能的评价,可采用踢准和技评相结合的方法进行评价,教师可根据具体情况制定达标和技评的所占比重,如达标成绩占60%,技评成绩占40%等。

4. 过程性评价与终结性评价相结合

在足球教学的过程中,教师要注意观察学生的行为表现以及掌握动作技能等方面的进步与发展,用口头即时评价、加分、扣分等方式,及时向学生反馈评价信息,帮助学生了解自己的学习情况并改进学习方法,使他们不断提高学习能力。

教学过程中教师应多采用积极、正面的口头评价语言,激发学生的练习热情。下面是一些足球课堂教学中教师常用的鼓励性语言示例。

——很好!继续下去!

——不错!用力再轻一点儿会更好!

——好的!动作很协调!

——有进步!加油!

——这次接球很成功!想想怎么做的。

——刚才的二过一配合真精彩!

在学期或学年的足球教学结束时,教师应综合学生在体能、知识与技能、态度与参与、情意与合作方面的学习情况和发展变化,作出综合性的总体评价,并给出相应的等级或者评语。体育教师应设计、印制足球学习评价的记录表,对平时足球课的成绩测试、学生表现等作出客观记录,以便学期或学年末进行终结性评价时使用。下面提供一份足球学习评价记录表供参考（表3-3-3）。

表 3-3-3　足球学习评价记录表

_____年级_____班　　　　　　　　　　　　　　　学生数

姓名	体能	技能1	技能2	技能总分	态度参与	情意合作	总分	等级	备注
×××									
×××									
×××									
……									

任课教师：

说明：

（1）本记录表由体育教师负责填写。

（2）关于各项评价内容的权重，各校可参考本书建议，根据教学实际情况和激励学生发展的需要予以确定。

> **知识窗**
>
> **什么是过程性评价**
>
> 　　过程是一个相对于结果而言的概念。过程性评价属于学生个体内的差异性评价，它更注重学生在学习过程中的进步与发展。过程性评价的功能主要在于及时反映学生在学习过程中的情况，促使学生对学习过程进行反思和总结，并改进学习，而不是最终给学生下一个结论。

三、足球学习评价结果的使用

1. 处理好足球学习评价和体育与健康课程学习评价的关系

足球是体育与健康课程重要的学习内容之一。在体育与健康课程体系中，足球学习评价是学生体育与健康课程学习评价的组成部分。非校园足球特色学校或足球课时开设较少的学校，教师应把足球技能的评价结果纳入体育与健康课程的学习评价之中，按照一定比重使其成为体育与健康课程学习成绩的构成部分。开设足球课时较多的校园足球特色学校，可以把足球的学习评价结果直接作为体育与健康课程的学习成绩使用。

2. 处理好足球学习评价和足球技能等级评定的关系

足球学习评价是体育健康课程学习评价的组成部分,而足球技能等级评定是对学生足球技能达到某种水平的认定。足球学习评价和足球技能等级评定既有联系,又有区别。体育教师应把握和处理好二者之间的关系,合理地参考、使用足球技能等级评定的内容与标准,做好足球学习的评价工作。校园足球特色学校应定期或不定期地组织评定学生的足球技能等级,激励更多的学生达到更高的足球技能等级水平。

三、不同水平阶段学生学习评价建议

1. 水平一评价建议

小学一、二年级学生的足球学习评价应主要采用定性评价和评语式评价。教师应运用鼓励性的语言,对学生表现出的足球动作给出肯定性的意见。评价语言要能够激发学生对足球运动的兴趣,激励学生经常参与足球活动,让他们享受到足球运动的乐趣。

2. 水平二评价建议

三、四年级学生的足球学习评价,应主要观察学生是否乐于参与足球活动,能否完成一些足球基本动作,能否在活动中表现出较好的协调性和平衡能力,能否表现出良好的合作行为等。学习成绩评价可把评语式评价与等级制评价相结合。

3. 水平三评价建议

五、六年级学生的足球学习,在体能、技能和情意表现等方面都有了一定程度的发展。考核项目的选择要考虑到该年龄段学生体能发展和技术学习的重点,要有利于促进学生身心发展,为更好过渡到初中足球学习奠定基础。学习成绩评价可采等级制评价与评语式评价相结合的方式,并逐步向等级制评价过渡。

小学阶段应把足球技能的学习、掌握情况纳入体育与健康课程的综合评价之中,作为运动技能评价的重要内容之一。开设足球课时较多的校园足球特色学校,也可以把足球学习评价结果作为体育与健康课程的学习成绩。

4. 水平四评价建议

初中阶段的学生已积累了较多的足球知识和运动技能,体能也有了一定程度的发展。应把速度、灵敏等体能素质,运球、传接球、射门等足球技能作为考核评价的重点,采取定量评价和定性评价相结合的方法,给出学生足球学习的等级或分数。

初中阶段可以根据开设足球课时的多少来选择足球学习评价标准的适用范围。如足球学习课时占学期体育总课时的三分之一以下,可把学生的足球技能掌握情况纳入体育与健康课程总体学习评价之中,使其作为体育课综合评价的组成部分。如足球学习课时占学期体育总课时的三分之一以上,甚至达到二分之一以上,可以对学生的足球学习情况单独进行综合性评价,并作为体育与健康课程的学习成绩使用。

5. 水平五评价建议

高中阶段学生的运动能力、智力和心理发展水平已达到较高水平,应把足球专项体能和足球技术的综合应用能力等作为考核评价的重点,采取定量评价、定量与定性相结合评价等方法,给出学生足球学习的分数或等级。

高中阶段采用运动专项分班教学的学校,应对学生足球项目的学习情况单独进行评价,作为体育与健康课程的学习成绩。对于没有选修足球专项的学生,可仍然按照一般体育与健康课程学习评价要求,把足球学习的评价结果作为运动技能学习的一部分,纳入体育与健康课程的综合性评价之中。

附:学生足球运动技能等级评定标准(试行)

一、说明

1.《学生足球运动技能等级评定标准(试行)》(以下简称《标准》)是校园足球教育工作的基础性指导文件和教育质量基本标准,是评价学生足球运动技能和评估校园足球及衡量各地校园足球发展的重要依据,是引导学生提升足球运动技能水平的重要手段,主要适用于全日制普通小学、普通初中、普通高中、中等职业学校的学生。

2.《标准》从球感、运球、踢球、身体素质和比赛能力五个方面综合评价学生足球技能水平。根据学生掌握足球运动技能的规律,《标准》将学生足球运动技能划分为五个等级,每个等级的测评内容体系不同,每个等级都具有相对独立的评分标准。

3.《标准》规定每个等级的各单项指标满分为 10 分,综合得分为各单项指标得分与权重乘积之和,达到标准的得分为 7.5 分。

4. 学生可根据本《标准》的要求,定期对所掌握的足球运动技能进行自评,以便了解和掌握学习足球的情况。校园足球特色学校要结合有关活动,组织学生进行测试,对达到《标准》的学生给予认定,并进行公布。学生达到《标准》的情况可纳入学生综合素质评价体系。

5. 各地在《标准》的实施过程中,要根据实际情况,因地制宜,逐步推进,把"达标升级"转化为学生学练足球的自觉行动。

6. 本《标准》由教育部负责解释。

二、单项指标和权重

等级	单项指标	权重(%)
一级	颠球、踩拨球	10
	往返运球	25
	踢准	25
	冲刺跑	15
	小场地比赛	25
二级	脚背正面颠球	10
	绕杆运球	25
	踢准	20
	折线跑	15
	小场地比赛	30
三级	行进颠球	10
	绕杆运球	20
	运球踢准	20
	绕杆跑	15
	小场地比赛	35

续表

等级	单项指标	权重(%)
四级	头颠球	10
	折线运球	20
	定位球踢准	20
	多向绕杆跑	10
	比赛	40
五级	多部位颠球	10
	折线运球	20
	运球射门	20
	折返跑	10
	比赛	40

三、评分表

表1　一级评分表

测评内容 单位		颠球、踩拨球（分）	往返运球（秒）	踢准（分）	冲刺跑（秒）	小场地比赛（分）
单项得分	10	10	≤7.2	10	≤4.0	10
	9	9	7.3~8.0	9	4.1~~4.2	9
	8	8	8.1~9.2	8	4.3~4.4	8
	7	7	9.3~10.0	7	4.5~4.6	8
	6	6	10.1~11.1	6	4.7~4.8	6
	5	5	11.2~11.9	5	4.9~5.0	5
	4	4	12~12.7	4	5.1~5.2	4
	3	3	12.8~13.3	3	5.3~5.4	3
	2	2	13.4~14.3	2	5.5~5.6	2
	1	1	14.4~15.1	1	5.7~5.8	1

技能综合评分：颠球或踩拨球得分×0.1＋10米往返运球得分×0.25＋8米踢准得分×0.25＋20米跑得分×0.15＋小场地比赛得分×0.25。

一级达标分值：综合得分达到7.5分及以上认定达到一级标准。

表 2　二级评分表

测评内容　　单位	脚背正面颠球（个）	绕杆运球（秒）	踢准（分）	折线跑（秒）	小场地比赛（分）
10	≥35	≤9.3	10	≤8.8	10
9	29～34	9.40～10.0	9	8.9～9.1	9
8	24～28	10.1～10.2	8	9.2～9.3	8
7	19～23	10.3～11.6	7	9.4～9.6	7
6	15～18	11.7～12.8	6	9.7～9.9	6
5	11～14	12.9～13.9	5	10.0～10.2	5
4	7～10	14.0～14.7	4	10.3～10.5	4
3	5～6	14.8～15.8	3	10.6～10.9	3
2	4	15.9～16.9	2	11.0～11.7	2
1	3	17.0～18.0	1	11.8～12.5	1

技能综合评分：脚背正面颠球得分×0.1＋20米绕杆运球得分×0.25＋10米踢准得分×0.2＋折线跑得分×0.15＋小场地比赛得分×0.3。

二级达标分值：综合得分达到7.5分及以上认定达到二级标准。

表 3　三级评分表

测评内容　　单位	进行颠球（次）	绕杆运球（秒）		运球踢准（分）	绕杆跑（秒）		小场地比赛（分）
	一	女	男	一	女	男	一
10	0	≤9.0	≤8.5	10	≤5.8	≤4.9	10
9	1	9.1～10.2	8.6～9.3	9	5.9～6.2	5.0～5.5	9
8	2	10.3～11.1	9.4～9.8	8	6.3～6.4	5.6～6.0	8
7	3	11.2～12.3	9.9～10.7	7	6.5～6.6	6.1～6.3	7
6	4	12.4～13.1	10.8～11.4	6	6.7～6.8	6.4～6.5	6
5	5	13.2～13.9	11.5～12.4	5	6.9～7.0	6.6～6.7	5
4	6	14.0～14.9	12.5～13.1	4	7.1～7.2	6.8～6.9	4
3	7	15.0～16.3	13.2～14.0	3	7.3～7.4	7.0～7.1	3
2	8	16.4～17.6	14.1～14.8	2	7.5～7.7	7.2～7.4	2
1	9	17.7～18.6	14.9～15.6	1	7.8～8.5	7.5～7.9	1

技能综合评分：行进颠球得分×0.1＋20米不等距绕杆运球得分×0.2＋运球踢准得分×0.2＋20米绕杆跑得分×0.15＋小场地比赛得分×0.35。

三级达标分值:综合得分达到 7.5 分及以上认定达到三级标准。

表 4 四级评分表

测评内容\单位	头颠球 (个)	折线运球 (秒)		定位球踢准 (分)	多向绕杆跑 (秒)		比赛 (分)
	—	女	男	—	女	男	—
单项得分 10	≥50	≤11.1	≤10.4	≥15	≤16.4	≤15.4	10
9	45～49	11.2～12	10.5～11.0	12～14	16.5～16.8	15.5～15.8	9
8	40～44	12.1～12.8	11.1～11.8	11	16.9～17.3	15.9～16.2	8
7	35～39	12.9～13.6	11.9～12.2	10	17.4～17.8	16.3～16.4	7
6	30～34	13.7～14.2	12.3～12.4	9	17.9～18.5	16.5～16.8	6
5	25～29	14.23～14.7	12.5～12.9	8	18.6～19.2	16.9～17.2	5
4	20～24	14.8～15.3	13.0～13.2	7	19.3～20.0	17.3～17.8	4
3	15～19	15.4～15.9	13.3～14.2	6	20.1～20.8	17.9～18.4	3
2	10～14	16.0～16.5	14.3～15.3	5	20.9～21.7	18.5～19.3	2
1	5～9	16.6～17	15.4～16	4	21.8～22.5	19.4～20	1

技能综合评分:头颠球得分×0.1＋折线运球得分×0.2＋定位球踢准得分×0.2＋多向绕杆跑得分×0.1＋比赛得分×0.4。

四级达标分值:综合得分达到 7.5 分及以上认定达到四级标准。

表 5 五级评分表

测评内容\单位	多部位颠球 (个)	折线运球 (秒)		运球射门 (分)	折返跑 (秒)		比赛 (分)
	—	女	男	—	女	男	—
单项得分 10	10	≤10.6	≤9.8	10	≤36	≤33	10
9	9	10.7～11.5	9.9～10.5	9	36.1～36.6	33.1～33.3	9
8	8	11.6～11.8	10.6～11.3	8	36.7～37.2	33.4～33.6	8
7	7	11.9～12.3	11.4～11.7	7	37.3～37.8	33.7～33.8	7
6	6	12.4～12.8	11.8～11.9	6	37.9～38.4	33.9～34.2	6
5	5	12.9～13.8	12.0～12.4	5	38.5～39	34.3～34.6	5
4	4	13.9～14.4	12.5～13.0	4	39.1～39.6	34.7～35.5	4
3	3	14.5～15.1	13.1～13.6	3	39.7～40.2	35.6～36.6	3
2	2	15.2～15.9	13.7～14.8	2	40.3～40.8	36.7～37.7	2
1	1	16.0～16.8	14.9～15.5	1	40.9～41.5	37.8～38.5	1

技能综合评分:多部位颠球得分×0.1＋折线运球得分×0.2＋运球射门得分

×0.2＋折返跑得分×0.1＋比赛得分×0.4。

五级达标分值：综合得分达到7.5分及以上认定达到五级标准。

四、测试方法与要求

（一）一级测试方法

1. 脚背颠球、双脚交替踩球和脚内侧拨球

测试场地：平整的人工草或天然草足球场，划定5米×5米区域。

测试方法：

脚背颠球：听测评员口令后，把放在原地的足球，用脚踢起或用手抛起，单脚或双脚脚背进行颠球。球落地可重新开始，球颠出规定区域则停止测试，测评时间不超过1分钟。

双脚交替踩球：听测评员口令后，用双脚前脚掌连续交替做踩球动作，球保持原地或移动状态皆可。球失去控制可重新开始，球出规定区域则停止测试，测评时间不超过1分钟。

双脚脚内侧拨球：听测评员口令后，用双脚脚内侧连续进行横向拨球动作，运动员原地拨球或移动状态皆可。球失去控制可重新开始，球出规定区域则停止测试，测评时间不超过1分钟。

评分方法：测评员根据学生的控球能力表现进行评分，评分为整数分，满分为10分。

2. 往返运球

测试场地：平整的人工草或天然草足球场，划定10米×5米区域（图1）。

测试方法：听测评员口令后，从起始线开始快速运球，绕过距离起始线10米处的标志桶后运球返回，以脚踩球于起始线上结束。

评分方法：测评员计时，球动开表，球踩到线上停表。根据评分标准打分，测试两次，记录其最佳成绩。

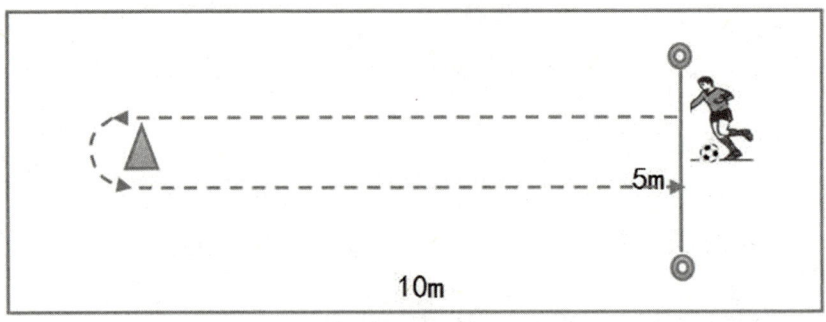

图 1

3. 踢准

测试场地：平整的人工草或天然草足球场，划定 10 米×6 米区域。球门距起始线 8 米，球门尺寸 1.5 米×1 米，球门和球门之间相距 0.5 米（图 2）。

测试方法：听测评员口令后，在起始线上用脚内侧踢地滚球的方式将球踢进距起始线 8 米处的三个足球门，每人 5 球。

评分方法：测评员计分，踢进中间球门得 1 分，踢进两侧球门得 2 分，按照每个球踢进球门的分数累计相加得出最后分数。测试两次，记录其最佳成绩。

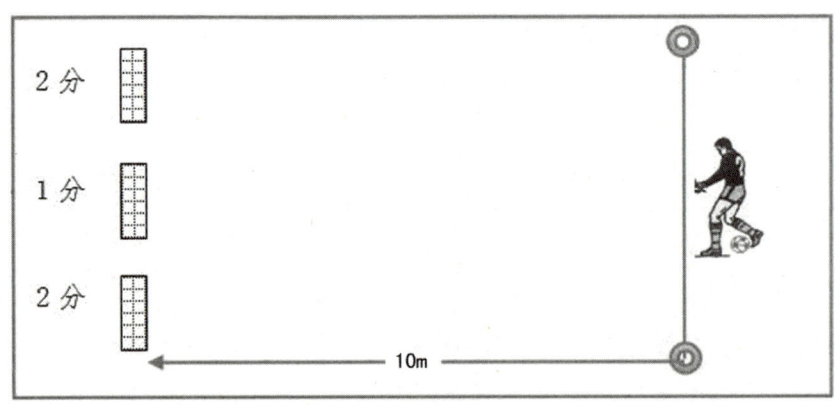

图 2

4. 冲刺跑

测试场地：平整的人工草或天然草足球场，划定 20 米×5 米区域（图 3）。

测试方法：测试学生采用站立式起跑，听测评员口令后，加速跑冲过终点线。

评分方法：测评员计时，测试两次，记录其最佳成绩。

图 3

5．小场地比赛

比赛形式：5 人制，4 号球，比赛时间 15 分钟，比赛场地和竞赛规则参照国际足联最新审定的《五人制足球竞赛规则》。

比赛评分：三名测评员对测试学生进行比赛评分，满分为 10 分，以三人的平均分作为该学生的最终比赛评分。评分标准参照表 6。

（二）二级测试方法

1．脚背正面颠球

测试场地：平整的人工草或天然草足球场，划定 5 米×5 米区域。

测试方法：听测评员口令后，把足球用脚踢起或用手抛起，运用脚背正面进行颠球，球落地或球颠出规定区域则停止测试，测评时间不超过 1 分钟。

评分方法：测评员记录学生颠球次数，并根据评分标准进行评分，评分为整数分，满分为 10 分。测试两次，记录最佳成绩。

2．绕杆运球

测试场地：平整的人工草或天然草足球场，划定 25 米×5 米区域。起点距第一个杆 4 米，其余杆距 2 米，起点距终点 20 米（图 4）。

测试方法：听测评员口令后，从起始线开始运球出发，依次绕过间隔 2 米的 8 个标志杆，以运球过终点线结束。

评分方法：测评员计时，对照评分标准给予相应成绩，测试两次，记录最佳成绩，漏杆则成绩无效。

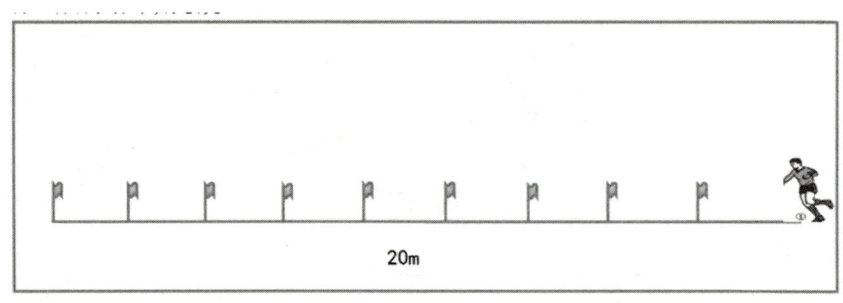

图 4

3. 踢准

测试场地：平整的人工草或天然草足球场，划定 12 米×6 米区域。球门距起始线 10 米，球门尺寸 1.5 米×1 米，球门和球门之间相距 0.5 米(图5)。

测试方法：听测评员口令后，在起始线上用脚内侧踢地滚球的方式将球踢进距起始线 10 米处的三个足球门，每人 5 球。

评分方法：测评员计分，踢进中间球门得 1 分，踢进两侧球门得 2 分，按照每个球踢进球门的分数累计相加得出最后分数。测试两次，记录其最佳成绩。

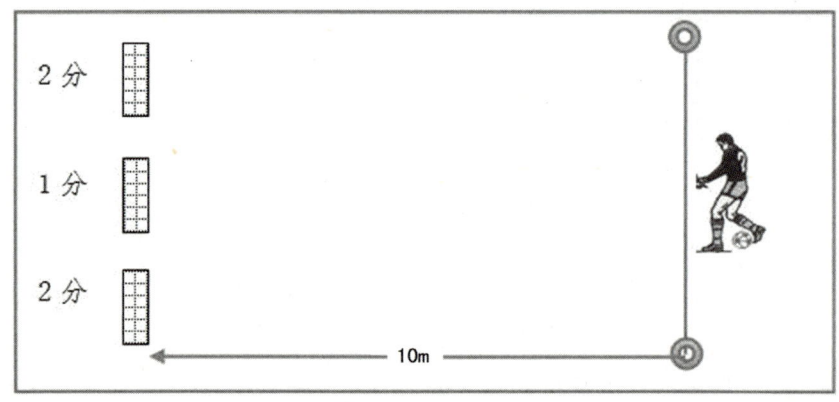

图 5

4. 折线跑

测试场地：平整的人工草或天然草足球场，22 米×5 米区域。起点、终点距离 20 米，标志杆宽间距 4 米，长间距 8 米(图6)。

测试方法：听测评员口令后，从起始线站立式起跑，按顺序依次绕过标志杆外侧，冲过终点线。运球启动开表，冲过终点停表。

评分方法:测评员计时,对照评分标准给予相应成绩,测试两次,记录最佳成绩,碰倒杆或漏杆则成绩无效。

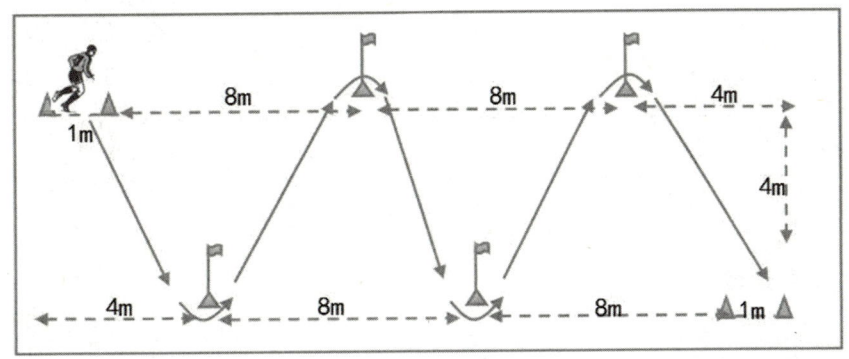

图 6

5. 小场地比赛

比赛形式:5人制,4号球,比赛时间15分钟,比赛场地和竞赛规则参照国际足联最新审定的《五人制足球竞赛规则》。

比赛评分:三名测评员对测试学生进行比赛评分,满分为10分,以三人的平均分作为该学生的最终比赛评分。评分标准参照表6。

(三)三级测试方法

1. 行进颠球

测试场地:平整的人工草或天然草足球场,划定10米×5米区域(图7)。

测试方法:听测评员口令后,把足球用脚踢起或用手抛起,用身体的有效部位行进间走颠球,从起始线出发,到达10米线后折返回到起始线结束。球落地则在最后触球地点重新开始颠球,球颠出规定区域则停止测试。

评分方法:测评员记录学生掉球次数,并根据评分标准进行评分,测试两次,记录最佳成绩。

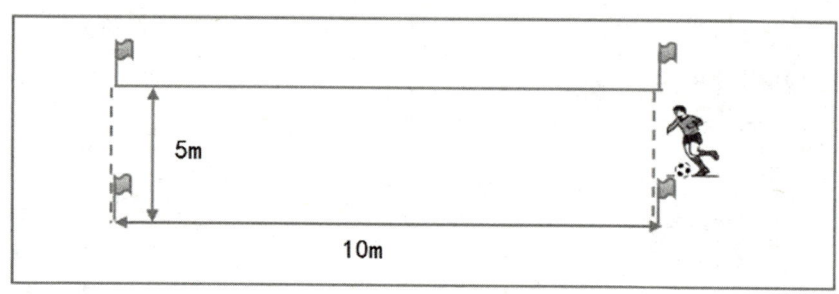

图 7

2. 绕杆运球

测试场地：平整的人工草或天然草足球场，划定 25 米×5 米区域。起点距第一个杆 4 米，其余杆距依次为 1 米、3 米，起点距终点 20 米（图 8）。

测试方法：听测评员口令后，从起始线开始运球出发，依次绕过间隔不等的 8 个标志杆，以球踩终点线为结束。

评分方法：测评员计时，对照评分标准给予相应成绩，测试两次，记录最佳成绩，漏杆则成绩无效。

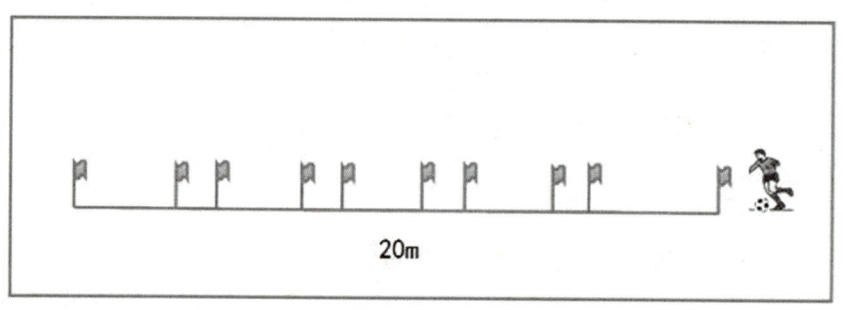

图 8

3. 运球踢准

测试场地：平整的人工草或天然草足球场，划定 20 米×6 米区域。球门距起始线 15 米，传球区 3 米×2 米，距起始线 2 米。球门 1.5 米×1 米，球门和球门之间相距 0.5 米（图 9）。

测试方法：听测评员口令后，在起始线上运球，进入传球区内，用脚内侧踢地滚球的方式将球踢进距起始线 15 米处的三个足球门，每人 5 球。

评分方法：测评员计分，在传球区内进行传球得分有效，踢进中间球门得 1

分,踢进两侧球门得 2 分,累计相加得出最后分数。测试两次,记录其最佳成绩。

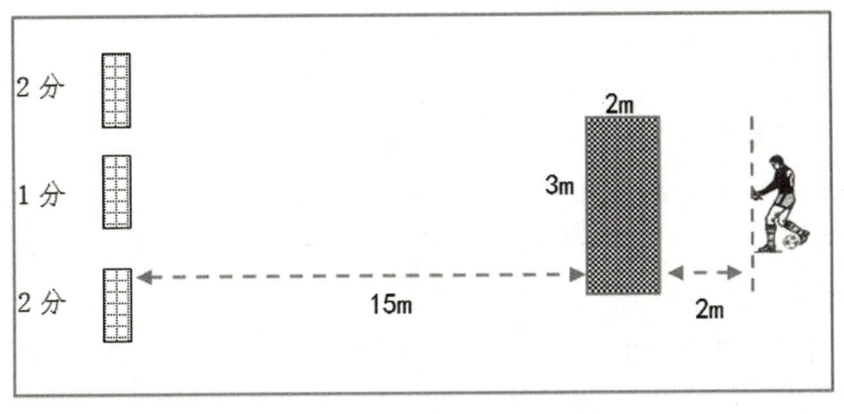

图 9

4．绕杆跑

测试场地:平整的人工草或天然草足球场,划定 20 米×5 米区域。起点距第一个杆 4 米,其余杆距 2 米,起点距终点 20 米(图 10)。

测试方法:听测评员口令后,以站立式起跑姿势从起始线开始加速跑,依次绕过间隔 2 米的 8 个标志杆,冲过终点线为结束。

评分方法:测评员计时,对照评分标准给予相应成绩,测试两次,记录最佳成绩,漏杆则成绩无效。

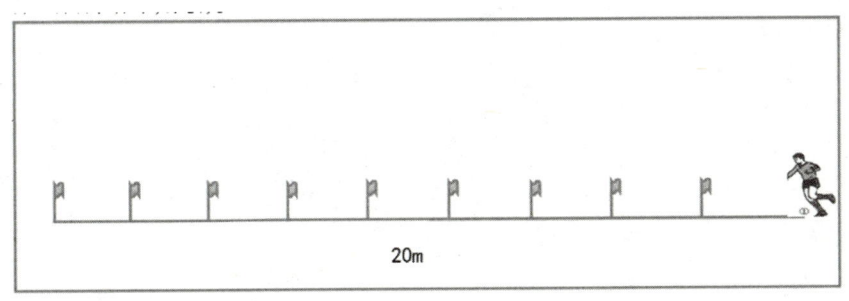

图 10

5．小场地比赛

比赛形式:8 人制,4 号球,比赛时间 15 分钟,比赛场地和竞赛规则参照国际足联最新审定的《足球竞赛规则》。

比赛评分:三名测评员对测试学生进行比赛评分,满分为 10 分,以三人的平均分作为该学生的最终比赛评分。评分标准参照表6。

（四）四级测试方法

1. 头颠球

测试场地：平整的人工草或天然草足球场，划定5米×5米区域。

测试方法：在5米×5米的场区内，将球抛起，用头部进行颠球，记录其连续头颠球个数。

评分方法：测评员计算连续头颠球个数，球落地、颠出区域或用其他部位调整则结束。对照评分标准给予相应成绩，测试两次，记录最佳成绩。

2. 折线运球

测试场地：平整的人工草或天然草足球场，划定22米×5米区域。起点、终点距离20米，标志杆宽间距4米，长间距8米（图11）。

测试方法：听测评员口令后，从起始线开始运球，分别绕过标志杆外侧，冲过终点线。运球启动开表，运球冲过终点停表。

评分方法：测评员计时，对照评分标准给予相应成绩，测试两次，记录最佳成绩，碰倒杆或漏杆则成绩无效。

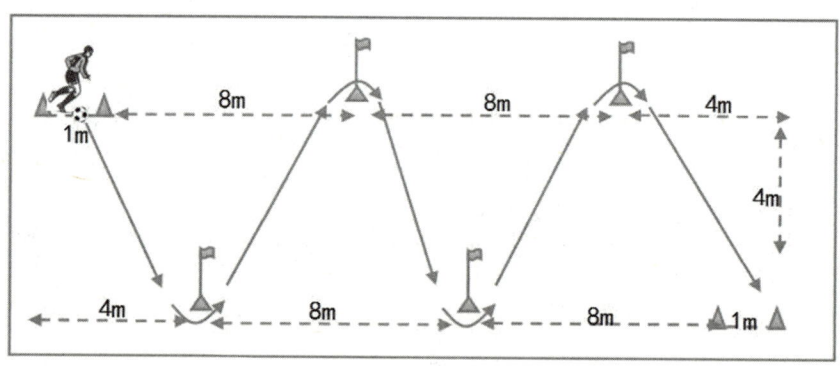

图11

3. 定位球踢准

测试场地：足球墙（可用球门拉线代替），射门位置距球门或足球墙16.8米（图12）。

测试方法：听测评员口令后，将摆在罚球区线上的足球踢向球门，每人踢五个球。

评分方法：测评员按球射中各区域的分值记录得分，如球打在两个或多个区域交界线或点上，记录分值较高分值。最后五个分值累加，对照评分标准给予相应成绩，测试两次，记录最佳成绩。

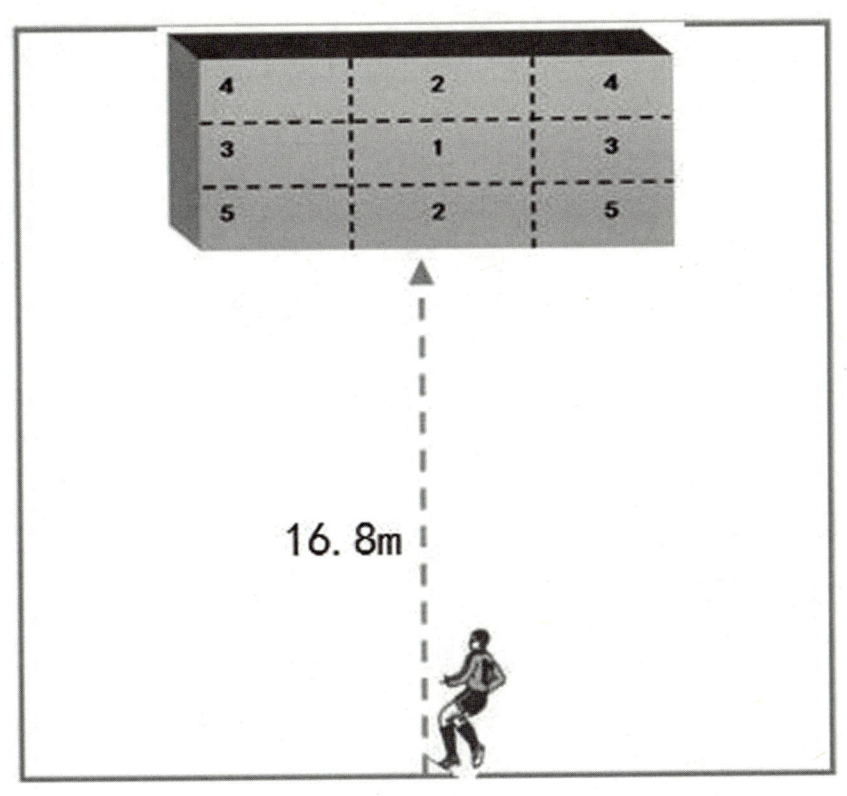

图 12

4. 多向绕杆跑

测试场地：平整的人工草或天然草足球场，划定 15 米×5 米区域。中间标志杆间距 2 米（图 13）。

测试方法：听测评员口令后，从起始点采用站立式起跑，按照规定路线，依次越过各标志杆后冲过终点。

评分方法：测评员记录其所用时间。漏杆或者没有按照既定路线则没有成绩，测试两次，记录最佳成绩。

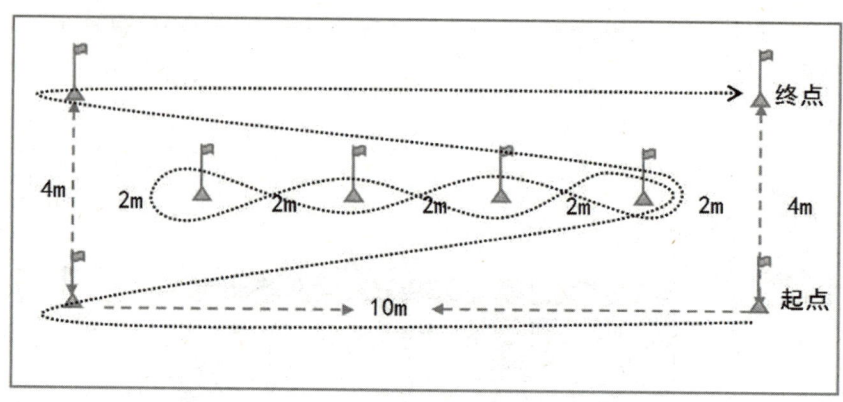

图 13

5. 场地比赛

比赛形式:11 人制,5 号球,比赛时间 20 分钟,比赛场地和竞赛规则参照国际足联最新审定的《足球竞赛规则》。

比赛评分:三名测评员对测试学生进行比赛评分,满分为 10 分,以三人的平均分作为该学生的最终比赛评分。评分标准参照表 6。

(五)五级测试方法

1. 多部位颠球

测试场地:平整的人工草或天然草足球场,划定 5 米×5 米区域。

测试方法:用身体 7 个有效部位(左右脚背正面、左右脚内侧、左右大腿正面、头部)依次完成连续颠球动作。

评分方法:测评员计算完整使用 7 部位连续颠球的次数,球落地、颠出区域或用其他部位调整则结束。对照评分标准给予相应成绩,测试两次,记录最佳成绩。

2. 折线运球

测试场地:平整的人工草或天然草足球场,划定 22 米×5 米区域。起点、终点距离 20 米,标志杆间宽 4 米,长间距 8 米(图 14)。

测试方法:听测评员口令后,从起始线开始运球,按照顺序依次绕过标志杆外侧,冲过终点线。运球启动开表,运球冲过终点停表。

评分方法:测评员计时,对照评分标准给予相应成绩,测试两次,记录最佳成绩,碰倒杆或漏杆则成绩无效。

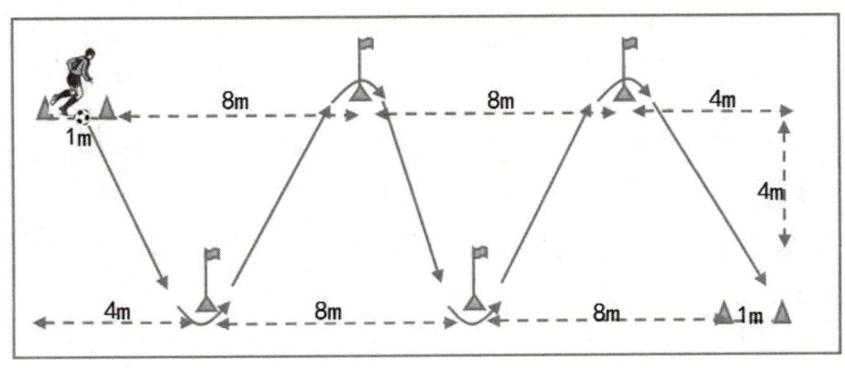

图 14

3. 运球射门

测试场地:平整的人工草或天然草足球场罚球区或足球墙,射门区距球门或足球墙 16.8 米,起点距射门区域 2 米,射门区 3 米×2 米(图 15)。

测试方法:听测评员口令后,从起始线运球进入射门区域后,进行正脚背射门。每人踢五个球。

评分方法:测评员按球射中各区域的分值记录得分,射入球门中间区域一球得 1 分,射入球门两侧区域一球得 2 分,其余情况均不得分,五个成绩相加为射门最后成绩,对照评分标准给予相应成绩。测试两次,记录最佳成绩。

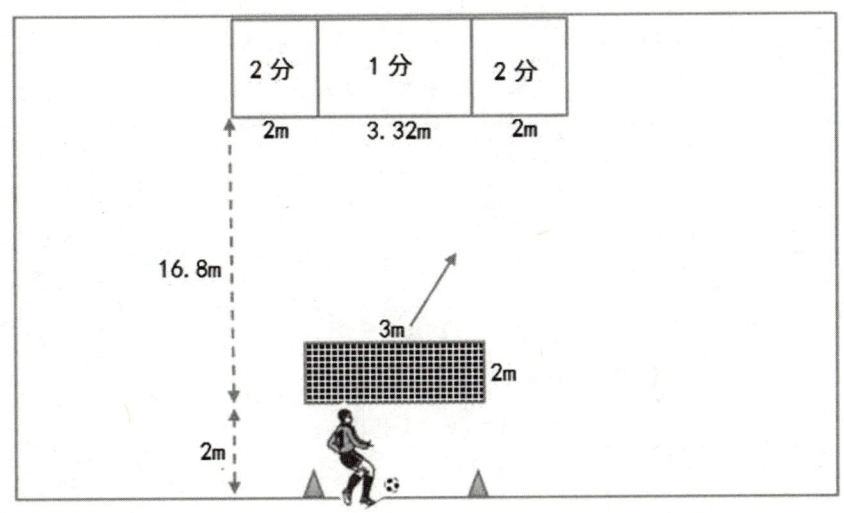

图 15

4. 折返跑

测试场地:平整的人工草或天然草足球场,划定25米×5米区域。中间标志桶间距5米(图16)。

测试方法:听测评员口令后,从起始点采用站立式起跑,按照规定路线,进行折返跑,必须按由近及远依次用手触碰每个标志桶,最终跑回终点。

评分方法:测评员记录其所用时间。漏桶或者没有按照既定路线则没有成绩,测试两次,记录最佳成绩。

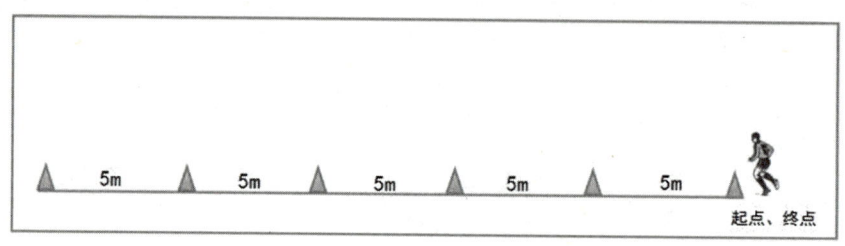

图 16

5. 比赛

比赛形式:11人制,5号球,比赛时间20分钟,比赛场地和竞赛规则参照国际足联最新审定的《足球竞赛规则》。

比赛评分:三名测评员对测试学生进行比赛评分,满分为10分,以三人的平均分作为该学生的最终比赛评分。评分标准参照表6。

表 6 比赛评分标准

分值	10~9分	8~7分	6~5分	5分以下
参考标准	比赛中技术动作运用合理规范;攻防意识突出,善于和同伴配合;跑动积极,比赛作风优良,心理状态稳定,充满比赛热情	比赛中技术动作运用较为合理;攻防意识表现较好,能够和同伴配合;跑动较为积极,比赛作风良好,心理状态稳定	比赛中技术动作运用基本合理;攻防意识一般,和同伴协作较少;比赛作风一般,心理状态较为稳定	比赛中技术动作运用不合理,完成动作不规范;攻防意识较差,协作能力较差;跑动不积极,比赛作风较差,心理状态不稳定

（六）测评要求

1. 测试场地

运用《标准》对学生进行足球技能等级测试时，要求在天然草或人工草场地进行。测试场地平整、软硬度适中，场地的大小以可容纳五项不同测试内容同时进行为基本条件。

2. 测试器材

运用《标准》对学生进行足球技能等级测试时，需要运用的测试器材包括：皮尺、足球、标志杆（桶、盘）、秒表、口哨、成绩记录表等。其中一级至三级测试使用 4 号足球、四级至五级测试使用 5 号足球，标志桶不高于 20 厘米，标志杆不高为 1.2 米，小型球门高 1 米、宽 1.5 米。

3. 队员装备

学生进行测试时，应穿着较为宽松轻便的运动服，夏天可穿运动短袖和短裤，胶底碎钉足球鞋。进行小场地比赛时应严格按照足球竞赛规则的要求检查装备，除去禁止佩戴和其他随身物品，并佩戴护腿板。

4. 测试程序

学生在测试前应进行不低于 15 分钟的热身活动，并熟悉测试内容。在此基础上，按照编号依次进行单项内容的测试，比赛为最后一项测试内容。全部测试内容完成后，由测试人员记录最终测试成绩并上报主管部门。

5. 其他要求

参加测评的学生必须具有不少于一年的足球课教学或课余训练经历。测试应在较为适宜的天气条件下进行，避免在恶劣天气条件下进行测评。

第四章 足球大课间活动

> **本章提要**：本章主要介绍了足球大课间活动在加快发展校园足球活动中的意义、设计足球大课间活动的原则和注意事项、足球大课间活动的管理制度及其实施，并提供了几所学校的足球大课间活动案例和实施方案，供老师们在设计与实施本校的足球大课间活动时参考使用。

每天安排一次与足球相关的大课间体育活动，是河南省校园足球工作领导小组办公室（以下简称省校足办）对全省校园足球特色学校提出的特殊要求，是广泛动员中小学生参与足球运动的有力举措。足球大课间活动以强身健体、快乐参与为导向，以增强学生体质和意志品质、普及足球知识和技能、培养足球运动兴趣为目的，是立德树人的载体、强身健体的途径和掌握技能的平台。合理设计并有效组织实施足球大课间活动，可以使广大少年儿童有更多机会接触和学练足球，有利于加快发展校园足球、营造校园足球文化氛围、开创学校体育发展的新局面。

第一节 足球大课间活动的意义

一、足球大课间活动的政策背景

为全面推进素质教育和促进学生健康成长，教育部2011年下发了《切实保证中小学生每天一小时校园体育活动的规定》。该规定明确提出，保证中小学生每天一小时校园体育活动是国家对学校教育的基本要求，是促进学生健康成长、切实提高学生体质健康水平的基本保证,也是学生接受良好教育的基本权利,党和政府对此高度重视。

为了贯彻落实教育部这一规定,从时间和制度上确保在校学生每天一小时校园体育活动,《河南省人民政府办公厅转发省教育厅等部门关于进一步加强学校体育工作意见的通知》明确提出:要把组织开展大课间体育活动作为保证中小学生每天一小时校园体育活动的基本平台,从2013年秋季新学年开始,全省统一建立每天两个大课间体育活动制度,实施大课间阳光体育工程,即每天上、下午各安排一次大课间体育活动,每次时间为30分钟。要将大课间体育活动列入学校总课程表,实行课程化管理。

随着校园足球活动的深入开展,河南省教育厅于2015年初下发了《河南省校园足球行动计划》和《河南省校园足球特色学校基本要求》,文件对校园足球特色学校提出了明确要求:每天两次大课间体育活动中要安排一次与足球相关的活动内容。在这一政策的要求和支持下,郑州市金水区和洛阳市涧西区等校园足球示范区率先设计并组织实施了中小学足球大课间活动,在活动的组织管理和活动内容等方面积累了有益经验。在河南省教育厅召开全省大课间活动现场推进会的基础上和足球大课间先进典型的感召下,足球大课间活动在全省校园足球特色学校应运而生,成为河南省校园足球活动的特色和亮点之一。

> **知识窗**
>
> **大课间体育活动制度**
>
> 《中共中央国务院关于加强青少年体育增强青少年体质的意见》(2007年7号)中明确要求:"全面实行大课间体育活动制度,每天上午统一安排25~30分钟的大课间体育活动,认真组织学生做好广播体操、开展集体体育活动。"这是我国中小学全面实行大课间体育活动制度最权威的规定。

二、足球大课间是加快发展校园足球的有力举措

加快发展校园足球是学校体育工作面临的新形势和新要求。国务院副总理刘延东在全国青少年校园足球电视电话会议上指出:"校园足球的现状,距离党中央、

国务院的殷切期望,距离中国足球的全面振兴……还有不小的差距。差距主要表现在认识不足、普及不足等几个方面……"如何改变对校园足球认识不足、普及不足的现状,加快发展校园足球,是新形势下摆在学校体育工作者面前亟待解决的问题。

河南省积极探索新形势下加快发展校园足球的有效路径,从政策层面把校园足球和大课间体育活动有机结合,在全省范围的校园足球特色学校实施足球大课间活动,这对于改变对校园足球认识不足、普及不足的现状,扭转学生"静态有余,运动不足的不健康生活习惯",使广大学生有更多机会接触足球、熟悉足球、提高操控足球能力、掌握足球基本技能,是一项非常有力的解决方案,是适应学校体育发展新形势的有益探索和创举。足球大课间有利于拓宽校园足球活动形式,丰富大课间体育活动内容,营造校园足球文化氛围,普及足球知识技能和增强学生体能素质,对于加快发展校园足球,吸引更多学生认识足球、参与足球运动,增加足球人口数量,具有积极的现实意义和借鉴价值。长此以往坚持下去,将有助于形成体育课学习足球运动技能、大课间巩固足球运动技能、校内比赛检验足球运动水平的校园足球发展的良好局面(图4-1-1)。

图 4-1-1　育人为本,重在普及

> **知识窗**
>
> 河南省校园足球特色学校基本要求——"三个一"
>
> 1. 每班每周上一节足球课;
> 2. 每天两个大课间中安排一个与足球有关的大课间活动(足球大课间);
> 3. 每年举办一次全校性的班级足球联赛。

三、足球大课间是体育课堂教学的课外延伸

足球是中小学体育教学的重要内容之一,更是校园足球特色学校体育教学的必学内容。但是,"冰冻三尺,非一日之寒",要想较为熟练地掌握足球运动技能、达到能参与比赛的水平绝非易事,这需要长期的、大量的练习作保证,如果仅仅依赖每周一两节体育课来学习、掌握足球技能,是远远不够的。于是,足球大课间就成为足球课堂教学的课外延伸,成为一个帮助学生巩固体育课所学足球技能的重要平台(图4-1-2)。

图4-1-2 广泛动员,人人参与

体育教师应恰当地处理好体育课堂教学和足球大课间的关系,充分利用体育课堂教学时间,使学生了解足球技能的基本方法,能正确做出踩、拉、拨、运、踢、接等关于足球的基本动作,然后精心设计出足球大课间活动的练习内容,把足球大课

间和足球课有机结合起来,让学生充分利用大课间活动时间熟悉足球球性、巩固所学技能、不断提高操控足球的能力,使足球大课间活动和体育课堂教学相互促进、相得益彰。

第二节 足球大课间活动的设计

足球大课间活动与一般的大课间体育活动相比,其组织难度和内容难度都比较高。为了避免足球大课间走入形式化或走过场等误区,使足球大课间活动沿着正确方向健康发展,各校园足球特色学校在设计与实施足球大课间活动时,应坚持以下基本理念、设计原则和选编活动内容的要求。

一、足球大课间活动的基本理念

足球大课间活动必须符合"加快发展校园足球"的国家意志,符合国家对校园足球的定位、导向与目标要求,同时还必须充分关注基层学校和不同学段的学生实际,以保证活动的可行性与合理性。足球大课间活动应坚持以下基本理念:

1. 强身健体,快乐参与

足球大课间活动要坚持以"强身健体,快乐参与"为基本导向,以"增强学生体质和意志品质,普及足球知识和技能,培养足球兴趣爱好"为主要目的,与《中国足球中长期发展规划(2016～2050)》对校园足球的性质定位和基本要求保持高度一致。

2. 育人为本,重在普及

足球大课间活动要坚持河南省教育厅提出的"育人为本,重在普及,广泛动员,人人参与,夯实基础,逐步提升"的校园足球发展指导思想,广泛普及,注重特色发展,追求活动实效。现阶段要以参与足球运动的学生人数衡量校园足球的普及程度,以普及程度衡量校园足球的发展水平。

3. 尊重实际,追求实效

足球大课间活动要坚持从实际出发,尊重基层学校和学生实际,追求足球大课间的活动实效,讲究活动效率,防止足球大课间活动中出现形式化、表面化、讲排场、走过场等误区,保证校园足球活动在正确方向上健康、持续、常态化发展。

二、设计足球大课间活动的原则

为了保证足球大课间活动的合理可行、不走或少走弯路,设计足球大课间活动应遵循以下基本原则:

1. 全员性

全员性原则是指足球大课间活动要以"强身健体,快乐参与"为导向,要面向全体学生,使所有在校学生全部参加。提倡足球大课间活动向学校所有成员辐射,校领导和班主任教师应积极参与,形成师生互动、教学相长的良好局面。

2. 健身性

健身性原则是指足球大课间活动要能够增强学生体质和意志品质,保证适宜的运动负荷和练习密度,充分发挥大课间体育活动锻炼身体的作用。足球大课间的平均心率应争取达到130次/分钟左右,练习密度应争取达到50%以上。

3. 技能性

技能性原则是指足球大课间活动要注重普及和提高足球运动技能,活动内容要围绕足球运动技能和专项体能素质展开设计,使足球大课间活动成为学生巩固提高足球技能、发展专项体能素质的重要平台,与足球课堂教学形成相互联系、相互促进的互动关系。

4. 趣味性

趣味性原则是指足球大课间活动要注重培养学生的足球兴趣和爱好,活动内容与形式要新颖有趣,能吸引学生积极参与。活动设计要充分考虑学生身心发展的特点,易学易练,让学生发自内心地喜欢足球大课间活动。

5. 实效性

实效性原则是指足球大课间活动,尤其是足球操的创编,要追求锻炼身体和提高足球运动技能水平的实际效果。活动的设设与实施反对讲排场、走过场和华而不实的形式主义、仪式化等倾向。

6. 适应性

适应性原则是指足球大课间活动设计要符合和适应学校与学生现状,要根据学校的实际情况,充分挖掘和利用学校的自身优势,设计开发出符合本校实际、适应自身条件的足球大课间活动的内容与形式。

> **知识窗**
>
> **什么是"有效大课间"**
>
> 河南省教育厅在开展"每天两个大课间,确保锻炼一小时"的活动过程中,提出了"有效大课间"的概念,其主要含义有三点:一是大课间应是全员参与的校园体育活动;二是大课间应保证适宜的运动负荷;三是大课间活动内容应新颖有趣,能吸引学生积极参与。

三、选编足球大课间活动内容的注意事项

为保证足球大课间活动的基本质量和效果,各校园足球特色学校在选编足球大课间活动内容时应注意把足球大课间与体育课足球教学内容、学生足球水平现状、学校场地器材条件、季节气候变化等因素有机地结合起来。

1. 足球大课间活动内容要与体育课足球教学内容相结合

要尽量选择和编排体育课中学习过的,并且适合大课间集体练习的内容作为足球大课间的活动内容,采用多种形式合理编排,帮助学生巩固提高学过的各种足球技能。如向上抛接球的练习,踩、揉、拨、拉、扣等多种熟悉球性、提高操控能力的练习,短距离运球或曲线运球练习,短距离传接球练习,各种足球专项体能锻炼(绳梯练习、折返跑、变向跑、蛇形跑等),守门员接地滚球、平直球、空中球的各种方法练习,晃动、跨球等假动作运球过人技术等。

2. 足球大课间活动内容要与学生足球技能发展水平相结合

学校在设计足球大课间的活动内容时,要分水平或分年级安排具体的足球大课间活动内容。随着年级的增高,活动内容的难度应随之适当增加。同年级的练习内容难度要适宜,应是大多数学生都能够基本完成的动作。例如,小学低年级学生应以熟悉球性、提高操控能力的练习为主,高年级学生可适当增加运球、传接球、

守门员技术等练习内容,初中学生可根据情况适当增加蛇形运球、一脚出球的传接球练习等内容。

3. 足球大课间活动内容要与学校场地条件相结合

场地条件充裕、学生人数较少的学校可以分班进行各种足球技能练习、各种足球游戏(运球接力、溜猴抢圈、射门比准、通过封锁线等)、专项体能练习等。场地相对狭小的学校,适合采用集体练习的形式组织活动,也可采取分年级轮换或错时轮换的形式组织活动。无法采用分班活动的小场地学校在创编足球大课间活动时,应多采用集体统一练习的形式,把一些足球技术创编成操化的练习形式,但要注意突出足球运动的特点,应把双脚对球的操控作为重点练习内容,而不能把双手持球的徒手操作为主要练习内容,防止足球大课间活动"变味"。

4. 足球大课间活动内容要与气候变化相结合

足球大课间活动内容要适应季节的变换。秋冬季可多选择跑动较多、运动量较大的内容进行练习,如蛇形运球跑、移动中的球感练习等;发展体能的练习内容可多一些,如折返跑、绳梯练习等。春夏季可多选择运动量较小的内容进行练习,技术性的练习内容可多一些,如短距离传接球、小幅度头顶球、原地球感练习等。

四、足球大课间活动的制度建设

校园足球特色学校在实施足球大课间活动中要积极探索,勇于实践,加强制度建设,保障足球大课间活动的常态化、制度化开展。

1. 实行课程化管理

各校园足球特色学校应成立以校长为组长的大课间体育活动领导小组,负责本校大课间体育活动的策划、运作及督查落实,并将大课间活动列入学校总课程表,实现足球大课间活动的课程化管理。具体分工一般可由体育教师和音乐教师负责足球大课间活动的内容设计、场地规划及音乐选用;政教人员负责大课间体育活动的检查评比;安全保障人员负责排查活动中的安全隐患,保障活动设施的足量与安全。

2. 创新激励评价制度

校园足球特色学校应以不同形式开展足球大课间活动检查评比,从参与状态、练习质量、心率指标、集合速度与有序性等方面对各班级进行综合评价。例如,设立"颠球明星""运球明星""大课间表现最佳班级"等奖项,激励班主任和学生参与足球大课间活动的积极性。

3. 完善安全保障制度

各校园足球特色学校应建立大课间体育活动安全保障制度,如大课间突发事件应急预案,课间、课外活动上下楼梯规定,在校学生活动安全管理制度,教师跟班制度等,以确保足球大课间活动的安全有序、万无一失。

第三节 足球大课间活动的实施

一、足球大课间活动的主要特点

与一般校园体育活动相比,足球大课间活动具有以下特点:

一是参与广泛。中小学大课间体育活动是一项全校性的集体活动,足球大课间属于大课间体育活动的范畴,要求在校学生必须全部参加,具有非常广泛的参与度。

二是内容简易。由于全体学生共同参与,又属集体性活动,因此足球大课间活动的内容一般比较简单易行,便于组织统一练习或分班练习,如自编足球操、熟悉球性练习、首尾接龙的运球、近距离的传接球以及专项体能练习等。

三是趣味浓厚。相对徒手操、跑步等传统大课间活动的内容而言,足球活动的介入对足球操控的难度以及活动形式的富于变化等特点,使得大课间活动内容更富有趣味性和吸引力。

四是组织精细。要组织上千甚至数千名学生在有限的场地内有序进行各种足球练习活动,其组织管理工作必然要求高度精细化,需要更多教师,尤其是班主任教师共同参与活动的组织与管理。

二、足球大课间活动的适合学段

开展足球大课间活动必须关注学情,分类推进,不能搞一刀切。足球大课间活动的典型特征决定了它的适用学段主要集中在初中和小学,尤其适合在小学阶段开展。少年儿童一般都喜好集体活动,组织纪律性强,行动听从指挥,还具有运动兴趣广泛且不稳定、身体协调性正处于发展之中、对足球的操控能力较低等年龄特点。开展足球大课间活动有助于广大少年儿童接触、熟悉、学练足球,培养他们对足球运动的兴趣并提高他们对足球的操控能力和初步掌握足球基本技能,是符合少年儿童特点的大课间活动内容。高中学生已进入青年期,运动兴趣已经分化并渐趋稳定,而且体育课要求实行选项分班教学,因此高中阶段更适合采用足球选项分班教学、组织班级足球联赛、课余足球训练等形式开展校园足球活动。

三、足球大课间活动的有效实施

足球大课间活动是一项对组织管理工作要求很高、颇具难度的活动,组织实施足球大课间活动需要周密安排和精心组织。

1. 精打细算,统筹安排足球大课间活动场地

足球大课间活动的场地规划应根据校园大小和学生人数等实际情况而定。首先,要规划全校学生集体活动的场地布局,明确各个班级的位置、队形、方向等。其次,要规划各班活动区域,根据各班的活动内容安排,将场地区域划分至各班级。最后,还要规划学生位置,依据各类活动的特点、学生数量,在场地内通过画线、设点等,帮助每一个学生确定个人位置和活动范围,确保大课间活动有条不紊、有序进行。

2. 因校制宜,优化足球大课间活动的组织方法

班级和学生人数较少的学校,可采取学生直接到运动场地集合站队的形式组织大课间活动。班级和学生人数较多的学校,适合采用音乐指挥,以班级为单位集体进、退场的形式(图 4-3-1,图 4-3-2)。一般情况下,活动开始初期由体育教师用哨音或通过麦克风发口令,指挥学生分班站队和行进入场,并进行各种预先安排好的操类与足球练习。经过反复练习形成习惯后,再换成音乐指挥大课间活动,使学生养成跟随音乐变换进行各种活动的意识与习惯。

图 4-3-1　走出教室

图 4-3-2　有序进场

3. 统筹协调，合理安排足球大课间活动步骤

根据学校实际，合理规划足球大课间活动各个环节的内容、顺序、形式及时间等。有条件的学校应先进行全校的集体活动，如分班集体慢跑、足球操、各种球感练习、运球与传球练习等，然后再分班开展富有特色的分项活动，如绳梯练习或其他足球专项体能锻炼、"溜猴"游戏、颠球比赛、运球接力、射门比准等。一般情况下，由班主任具体负责组织并带领本班学生一起活动，体育老师负责总体指挥与调度、巡回检查和技术指导，发现问题时及时拿出改进办法。

第四节　足球大课间活动案例

我们在郑州、洛阳和开封等地市搜集了几所学校的足球大课间活动案例。这几所学校既有城市学校，也有农村学校。虽然学校条件各不相同，但它们都能从实际出发，精心设计并有效组织足球大课间活动，取得了明显成效，对于我省中小学开展足球大课间活动具有一定的启发和借鉴意义。

一、足球大课间活动案例

案例一

开封市杏花营小学是一所农村小学，在校学生500余人，学校有200米环形跑道和小足球场一块,学生人数不多,场地相对宽裕。学校现在已基本达到每天一次足球大课间活动的要求,并能从实际出发,形成了富有该校特色的足球大课间活动的内容、结构与活动模式。

该校的足球大课间活动由进场、操舞(武术操和足球操)、足球游戏类活动等三部分内容构成。活动在节奏明快的音乐指挥下进行,分班游戏时的背景音乐采用世界杯经典歌曲,意在营造浓郁的足球文化氛围。

足球大课间活动的设计充分考虑了学校实际和学生足球技能的现有水平,首先集体做武术操和足球操,然后便进入分班的足球游戏阶段。水平一,以体验乐趣为主,让孩子们借助足球做奔跑和接力游戏,重在乐中玩、玩中练,具体内容有绕标志桶S型跑、拍球或抱球接力跑等。水平二,以熟悉球性为主,采用各种熟悉球性的练习、绳梯练习等形式提高学生身体灵活性和对足球的操控能力。校园足球活动开展初期,物质条件较为困难,他们为解决足球数量不足和颠球难以控制的问题,采用自制纸足球(用胶带把废报纸缠绕成纸球)、用网兜装着球练习颠球的方法,取得了良好的效果。水平三,以足球技术练习为主,学生们在指定区域内做各种发展传球、运球、射门能力的足球游戏,游戏内容定期更换,使学生在足球游戏中熟悉比赛规则,不断提高足球运动能力。

案例二

郑州市金水区金桥小学是一所城市小学,是足球传统项目学校。该校有学生近2200人,有250米环形塑胶跑道和人工草皮小足球场一块。该校将"乐享足球"大课间活动作为加快开展和广泛普及校园足球的有力推手。足球大课间活动管理制度健全,场地利用充分,组织严密高效。

该校的足球大课间活动仿照体育课结构设计,30分钟时间由"进场准备""乐享足球""体能提升""舒缓放松"等4个部分组成,内容主要包括足球技能和体能素质两大板块。足球技能重在夯实基础、熟悉球性,通过足球操和踩球、揉球、拨球、颠球、运球换位等练习,培养学生的足球兴趣和控球能力,帮助学生掌握足球运动的基本技能。体能素质训练主要采取推起成桥、仰卧起坐、立卧撑、跑步等练习,发展学生的柔韧、灵敏和腰腹力量等体能素质。

该校特点是学生人数较多,场地相对狭小,但足球数量充足,可达人手一球。该校足球大课间活动以音乐统一指挥下的集体练习为主要形式,具有结构完整、内容充实、形式多样、人球接触充分等特点(图4-4-1,图4-4-2)。

图4-4-1　头顶球练习

图4-4-2　球感练习

案例三

洛阳市涧西区东方第二小学已有60年的办学历史,是一所文化积淀十分厚重的学校。该校足球大课间的足球技能展示操,把足球运动技能与经典诵读相结合,与校园艺术踢踏舞相结合,并根据学生的年龄和生理特点,分年级将运球、传球、颠球、带球、顶球、射门等基本技能有机地融入足球大课间活动之中,深受学生的喜爱。

他们学校的足球大课间活动共由三部分组成:"足球基础篇""足球技能篇""足球运用篇"。三部分层层推进,相互衔接,打造了"我运动、我健康、我快乐、我阳光"的浓郁的校园足球氛围。

大课间活动入场时,学生每人一球,从教室出发,伴随着节奏欢快而充满韵律感的古诗诵读音乐,边放声诵读古诗,边有序进入场地。接下来是热身活动,学生手拉手在铿锵有力的伴奏乐曲《大河之舞》中跳起踢踏舞。

进入"足球基础篇——激情飞扬"后,足球练习主要由揉球、踩球、拖球等基本球感练习组成,通过各种熟悉球感的练习,培养学生用双脚操控足球的能力。

第二部分是"足球技能篇——茁壮成长"。该部分练习内容主要包含左晃右拨、拨球、拖球、颠球、传球、运球、射门、守门员练习等。年龄不同的学生分别练习不同难度的足球技能技巧,体现足球练习"分层展开、循序渐进"的原则(图4-4-3,图4-4-4)。

第三部分是"足球运用篇——快乐健康"。该部分内容主要包含"足球宝贝展示"和各年级不同形式的足球技能运用性练习,其中有足球对抗赛、足球过桩、夹球、头顶传球等技能接力赛。同时还把足球文化元素融入其中,体现足球活动的多样性、趣味性和审美性。

最后,全部学生在轻柔悠扬的乐曲声中深呼吸,并进行身体各个部位的放松活动,然后伴随着悠扬的音乐有序退场。

图 4-4-3　拨球练习　　　　　　　　图 4-4-4　踩球练习

二、足球大课间活动案例比较与启示

在前面讲到的三个具有典型特征和代表意义的案例中,一所是农村小学,学生人数少,场地相对宽裕,但场地条件差,足球数量少;两所是城市小学,学生人数多,场地相对狭小,但条件较好,足球数量充足。几所学校在足球大课间活动的设计上都体现了练习内容与场地条件相结合的思路,因地制宜,扬长避短,形成了特色。人少场地大的学校充分开展以班级为单位的足球练习与游戏活动,人多场地小的学校充分利用人手一球的优势,以集体、统一为主要形式练习足球基本技能。几所学校的共同之处是,它们都能根据学生的身心发展水平设计练习内容,都取得了广泛普及足球运动的良好实效。洛阳市涧西区东方第二小学的足球大课间活动还融入了传统文化和艺术教育的元素,更加彰显了校园足球的育人价值。

几所学校的足球大课间活动案例说明,无论城市、农村,无论学校大小,无论条件好坏,只要领导重视、教师肯干、开动脑筋、想方设法,都可以合理设计并有效组织足球大课间活动,都可以把足球大课间活动开展得生动活泼、有声有色。足球大课间活动的重要意义还在于:它可能无法直接造就出优秀的足球运动员,可能还难以使学生体验足球比赛的乐趣,但它能使广大小学生更多地接触足球、认识足球,进而喜爱足球、学练足球;它能使全体学生走出教学楼,走向运动场,用笑声和汗水驱逐繁重的课业负担,让"运动不足"现象远离中小学生,从而更好地实现校园足球在健身和育人方面的重要价值(图4-4-5)。

图4-4-5 绳梯练习

附：足球大课间活动方案与相关制度

足球大课间活动方案(一)

(根据洛阳市涧西区东方第二小学足球大课间活动方案改写)

一、指导思想

以《中共中央国务院关于加强青少年体育增强青少年体质的意见》和《教育部国家体育总局共青团中央关于开展亿万学生阳光体育运动的通知》《中国足球发展改革总体方案》等文件精神为指导，以立德树人为根本宗旨，把德行教育贯穿到学校教育的每个环节，坚持"健康第一"的原则，以落实学生每天锻炼一小时为基本要求，以全面推进素质教育、提高学生身体素质、增进学生身心健康为主要目的。以校园足球为依托，以足球技能为内容，努力打造快乐、健康、生态、和谐的阳光体育大课间。

二、组织领导

组长：×××

副组长：×××、×××

编导组：×××、×××、×××

技术负责：体育教研组

音响负责：×××

诵读部分负责：×××、×××

安全巡视：×××

医务处理：×××

三、设计理念

通过阳光大课间活动的开展，学校力求在学生中普及足球知识和技能，并把足球活动与经典诵读、校园艺术等相结合，形成独特的校园足球文化，激发学生对足球运动的兴趣，促进学生身心健康、全面发展。

四、实施原则

1. 全体性原则

开展足球大课间活动要面向全体学生，人人参与活动，达到全体参与、全体健身、人人愉悦的目的。

2. 科学性原则

遵循学生身心发展的规律，从我校实际出发，选择难度适宜、有效可行的足球技能作为足球大课间活动的主要内容。

3. 安全原则

在大课间体育活动的组织与实施过程中，加强安全教育和管理，制定必要的安全措施和应急预案，规避运动风险，防止意外事故的发生。

五、活动流程与内容

（一）入场阶段：师生一人一球，从教室出发，伴随着优雅的诵读音乐，有序进入场地。

（二）准备阶段：学生按照点位站好，集体跳动踢踏舞。

（三）足球练习阶段：

1. 低（使用腰带球）、中、高年级学生同时展示左右脚前后左右揉球、左右脚踩球等动作技能。

2. 分段同时练习不同的左晃右拨（假动作）、拨球、拖球、颠球、传球、运球、射门、守门员练习等内容。

水平一练习内容：

——运球按指定路线到指定地点就位做传球练习；

——运球按指定路线到指定地点就位做颠球练习；

——运球按指定路线到指定地点就位做揉球、踩球、拨球练习。

水平二练习内容：

——颠球练习 30 秒（脚背部）。

——两人一组做脚弓传球假动作（人动球不动）8 个 8 拍。

——两人一组传接球练习 8 个 8 拍两组。

——运球练习：

（1）左晃右拨、右晃左拨，4 个 8 拍；

（2）两人一组脚内侧运球（单向运球）；

（3）四人一组脚内侧运球（双向运球）；

（4）四人一组拖球（双向运球）；

（5）四人一组横向过桩；

（6）甲乙两组集体分别过桩。

水平三练习内容：

（1）颠球练习（脚背部、大腿部、头部）；

（2）两人一组做头球假动作（人动球不动）8 个 8 拍；

（3）两人一组自抛顶球练习 8 个 8 拍；

（4）两人一组互抛顶球练习 8 个 8 拍；

（5）两人一组自抛凌空脚弓传球练习 8 个 8 拍；

（6）两人一组互抛凌空大腿接球练习 8 个 8 拍；

(7) 守门员接自抛高空球；

(8) 守门员接互抛空中球；

(9) 守门员仰卧接球1分钟；

(10) 四人一组横向过桩；

(11) 甲乙两组集体分别过桩。

3. 足球嘉年华

(1) 足球宝贝展示1分30秒(各年级按指定位置就位，并放置好相关器材)。

(2) 分年级分层次运用以上技能展开练习。

①嘉年华对抗赛(赛前准备2分钟，比赛8分钟)，分两个四分之一场地同时进行，同时安排部分学生做啦啦队员，把足球文化、足球元素融入其中；

②其他学生在指定位置做不同内容的组合训练。

(3) 随音乐回原位放松(1分钟)。

(四) 退场阶段

以班为单位，伴随着欢快的歌曲有序回班。

六、场地器材

1. 场地：学校操场。

2. 音乐：诵读音乐、踢踏舞音乐、健美操音乐、加油操音乐、放松音乐。

3. 器材：移动足球门、球桩、球碗、校队比赛服装、假球人、呼啦圈等。

4. 服装：校服(蓝白)。

七、预期效果

通过开展足球大课间活动，全面提高我校校园足球活动的质量和水平，努力彰显校园足球文化，促进学生身心健康，培养团队精神、竞争意识、规则意识、沟通能力、文明礼貌等育人价值，使校园足球活动成为推进素质教育与立德树人的重要途径。全体学生通过参与足球大课间活动，使足球技能水平得到有效提高，身体协调能力得到发展，能体验到足球运动带来的快乐，养成足球运动的兴趣爱好，逐渐形成积极进取、乐观向上的生活和学习态度。

足球大课间活动方案（二）

（为小场地学校设计编写）

为有序开展我校足球大课间活动，使广大学生有更多时间接触足球、练习足球，进而热爱足球、享受足球运动乐趣，根据我校场地、器材等实际情况，制订足球大课间活动方案如下：

一、足球大课间活动领导小组

组长：×××

副组长：×××、×××

组员：体育组长、各年级段长及班主任

技术指导：体育组

场地准备：体育组

器材保障：×××

音响负责：×××

二、活动目的

全面贯彻落实河南省校园足球特色学校基本要求及其他相关文件精神，切实保证在校学生每天一小时校园体育活动，弘扬"我运动、我健康、我快乐、我阳光"的校园体育理念，进一步推动学校阳光体育运动广泛深入开展，吸引广大师生到操场上，到阳光下，到大自然中陶冶身心、享受足球运动的乐趣，利用足球大课间活动时间，使全体学生进一步熟悉足球球性，提高对足球的控制能力，巩固提高体育课所学足球技能，培养合作精神和规则意识，促进全体学生身心健康、体魄强健。

三、活动办法

学校在每天两次大课间体育活动中，安排一次足球大课间活动。根据我校场地条件，上午的大课间为一至三年级的足球大课间活动时间，下午的大课间为四至六年级的足球大课间活动时间。各年级非足球内容的大课间时间仍按照常规大课间体育活动的要求，在各自的分散场地上进行广播体操、武术操、集体慢跑、游戏等活动。

由体育组负责足球大课间的活动设计和专业指导，班主任参与组织管理。根据不同年级学生的足球水平，安排不同的练习内容进行锻炼，鼓励全体教师和学生共同参与活动。

四、活动要求

1．工作人员安排

体育组负责活动内容的设计，×××老师负责器材与场地调度，各班主任负责带领本班学生进入场地并组织练习，×××、×××、×××等老师协同班主任进行组织管理与活动指导。

2．活动场地安排

根据我校场地实际情况，将足球场划分为三个区域，即北部、中部和南部区域，每个区域安排一个年级活动，参加足球活动的年级和班级在指定的区域内活动。每周轮换一次练习内容，半学期更新一次活动内容。

3．设计活动内容

从足球运动基本技能中选择那些适合不同年级、适合集体练习，并且富有趣味性的活动内容，如拨球、踩球、拉球、传接球、蛇形运球、定点射门、运球接力等，让学生通过练习享受足球运动的乐趣。

4．作好活动指导

由体育教研组负责设计安排活动内容、活动方法、组织管理等方面的工作，并对班主任老师进行专门培训，使他们了解足球大课间的活动内容、形式与方法，发挥班主任老师在足球大课间活动中的组织管理作用。

五、活动安排表

足球大课间活动内容安排表

年级	活动内容	活动地点	活动时间	负责
一	定点射门比准	足球场北部	上午大课间	活动策划：体育组
二	踩球、拨球、拉球	足球场中部	上午大课间	场地器材：×××
三	脚内侧传接球	足球场南部	上午大课间	音响负责：×××
四	绕桩射门	足球场北部	下午大课间	技术指导：体育组
五	蛇形运球绕标志	足球场中部	下午大课间	组织管理：班主任
六	运球接力比赛	足球场南部	下午大课间	巡回检查：×××
备注	每周轮换一次活动内容，半学期更新一次活动内容			

足球大课间家长开放日制度

（根据郑州市金桥小学足球大课间家长开放日制度改写）

一、设立足球大课间家长开放日的目的

为建设和谐、健康、文明的校园环境，加强学校、教师、家长之间的沟通交流，让家长了解每天一小时校园体育活动的意义，督促家长关注孩子的身心健康，配合学校指导孩子进行体育锻炼，我校设立每天一小时校园体育活动暨足球大课间活动家长开放日。

二、家长开放日时间

开学两周后至两个月内的足球大课间活动时间和学校阳光体育文化节期间，均对家长开放。

三、开放日活动地点

活动地点：本校运动场。
参观地点：升旗台前和各年级教室门前走廊。

四、开放日活动内容

（1）家长参观校园环境，聆听讲解，了解我校开展足球大课间活动的意义、基本情况和主要活动安排；

（2）家长观看足球大课间活动，了解我校阳光体育大课间的主要内容和基本流程；

（3）学校召开家长座谈会，征求家长对学校体育工作的意见和建议。

五、开放日活动要求

班主任老师应利用家长开放日时间，帮助家长进一步认识学校体育工作的意义，了解我校体育工作的主要做法。班主任应建立班级微信群，加强学校和家长之间的沟通交流。体育教师应积极制作足球技能小视频发送到微信区，通过微信群帮助家长指导孩子进行足球技能学练，使微信群成为传播足球知识技能、家长参与指导、学生展示技能的重要平台。

足球运动是我校学生的最爱，足球大课间是我校的一张名片。我们相信，在我校全体师生的共同努力下，在全体家长的积极参与和配合下，每天一小时校园体育活动将成为立德树人、促进学生身心健康全面发展的重要平台和有效途径。

足球大课间活动突发事件应急预案

（根据郑州市金桥小学足球大课间活动突发事件应急预案改写）

为加强学校安全工作，提高突发事件应急处理能力，有效规避校园体育活动安全风险，根据金水区教体局有关会议精神，遵循"安全第一，预防为主"的原则，制订本应急预案。

一、适用范围

本预案主要适用校园足球大课间活动及类似全校性大型活动。

二、指导思想

坚持"沉着应对，措施果断，依靠科学，有效防治，加强合作，完善机制"的指导思想,维护全校师生人身安全和学校教学秩序稳定。

三、突发事件应急处理领导机构

(一)学校突发事件应急处理领导小组

组长:×××

副组长:×××、×××

成员:×××、×××、×××

值班人员:班主任、体育教师

(二)领导小组下设三个办事小组

1. 综合协调指挥组

组长:×××

成员:×××、×××

职责:全面指挥协调突发事件应急处置工作。

2. 现场处置组

组长:×××

成员:×××、×××

职责:(1)迅速厘清事件情况,并组织人员展开现场处置;(2)采取果断措施,防止事态扩大蔓延;(3)查明事件原因、性质、影响范围与后果等,并作出书面报告。

3. 后勤保障组

组长:×××

成员:×××、×××

职责:(1)统一指挥后勤保障工作;(2)筹措应急处置所需物资和资金;(3)做好各项善后工作。

四、报告程序

事件第一发现人应及时向应急处理领导小组组长报告情况。领导小组组长根据事件严重程度决定是否启动应急预案,并及时向金水区教体局有关领导上报情况。

五、突发事件处置原则

（1）凡大课间活动期间发生拥堵、碰撞、踩踏等事故并造成学生人身伤害的情况，附近教师应迅速开通道路、疏散人群、抢救伤员，以防止事态扩大。

（2）生命至上，健康第一。凡大课间活动中发生个别学生身体受到伤害的任何情况，应及时送医务室处理，如伤情严重，应及时拨打急救电话，迅速送伤员到就近医院治疗。

（3）如伤害事故已经发生，迅速组织有关人员联系学生家长，做好家长的安抚工作。

图 4-4-6　足球大课间活动视频截图

第五章　小学足球教学建议与案例

> **本章提要**：本章主要对小学生生理和心理特点进行了概括性介绍，并根据这些特点提出了小学足球教学的若干建议，还分别为每个年级提供了两份足球教学案例，供体育教师在设计足球教学活动时参考。

中小学生的身心发展既有连续性又有阶段性，每一个发展阶段中既保留有上一阶段的特征又开始出现下一阶段新的特征，但每一个阶段中总有一些占主导地位的、本质的、典型的特征存在。青少年身心发展的年龄特点，是体育教师安排足球学习内容、选择学练方法、开展教学活动的重要依据，是体育教师必须了解和分析的重要学情。

第一节　小学生身心特点与足球教学建议

大部分小学生处于童年期，发育较早的儿童在五六年级就开始进入青春发育期。小学生正处于身体生长发育的旺盛时期，并表现出明显的儿童心理活动特点。熟悉小学生的生理和心理特点，有利于有针对性地组织开展教学活动，有利于指导学生合理地进行足球技能的学与练，以便更好地发挥足球运动对增进学生身心健康的作用。

一、小学生生理特点分析

小学生正处于身体生长发育的旺盛时期,了解和把握小学生的生理特点,有助于教师有针对性地组织学生学练足球技能(表 5-1-1 至表 5-1-4)。

表 5-1-1　小学生一般生理特点与发展趋势

生理活动	特点	发展趋势
肌肉骨骼	肌肉中的水分较多,蛋白质、无机盐类较少。肌肉细嫩,收缩能力弱,耐力差,易疲劳,但恢复快。骨骼中有机物多,无机物少,富于弹性,但坚固性不足,不易完全骨折,但易于发生弯曲和变形	随年龄的增长,肌肉中的水分逐渐减少,肌力逐渐增强。骨骼中无机物逐渐增多,坚固性逐渐增强
血液循环	心脏重量和容积均小于成人,但相对值大于成人。心率较快,血压较低。心脏收缩力较弱,每搏和每分输出量小于成人,但每千克体重心输出量的相对值较大,可保证生长发育对物质代谢的需要,亦可胜任较紧张的肌肉活动	心率随年龄增长而递减,血压随年龄的增长而递增
呼吸功能	胸廓狭小,呼吸肌力量较弱,肺活量较小,呼吸表浅,呼吸频率较快。运动时主要靠加快呼吸频率增加肺通气量,呼吸深度增加得很少。10～11 岁和 13～14 岁时摄氧增大最为明显	随着年龄增大,呼吸深度增大,呼吸频率逐渐减少,肺活量逐渐增大
神经控制	神经活动过程不稳定,兴奋过程占优势,兴奋和抑制过程易扩散,表现为动作不协调、不准确,易出现多余动作,完成精细动作尚有困难,建立条件反射快,消退快,重新恢复也快	神经活动的强度、分化能力逐渐提高,动作的准确性和协调性逐渐改善。五、六年级学生已具备较强的协调和平衡能力
身体素质	女生 7～12 岁时力量增长速度最快,男生 12 岁开始力量增长速度加快。男女生 10～12 岁灵敏素质增长较快。男生 7～9 和 12～14 岁时,女生 7～11 岁时,50 米跑和立定跳远成绩增长较快。女生 11～13 岁时立位体前屈成绩增长较快。男生的最大摄氧量从 12 岁开始随年龄增长而明显增加	各项身体素质随着年龄增长而自然增长。男女生增长速度差异不大,但增长顺序和快速增长的时间有所不同

引自:中小学校园足球教师用书.北京:人民教育出版社,2016

表 5-1-2　小学生身高、体重、胸围增长情况

年龄	9 岁		10 岁		11 岁		12 岁	
性别	男	女	男	女	男	女	男	女
身高(厘米)	135.8	135.0	140.8	141.2	146.2	147.2	152.3	152.1
体重(千克)	31.7	29.7	35.4	33.7	39.6	38.1	43.9	42.3
胸围(厘米)	64.6	62.2	67.3	65.4	70.0	68.9	72.3	72.0

引自:中国学生体质与健康调研报告.2010

表 5-1-3　小学生最大肺通气量与最大摄氧量与成人的比较

年龄(岁)	最大肺通气量		最大摄氧量	
	绝对值 (L/min)	相对值 (L/kg/min)	绝对值 (L/min)	相对值 (mL/kg/min)
7~9	43~51	2.04	1.0~1.2	47~50
10~11	52~56	1.94	1.3~1.4	47~54
12~13	56~60	1.92	1.7~2.0	44~53
成人	70~120	1.90	2.0~3.0	36~50

引自:邓树勋等.运动生理学.北京:高等教育出版社,2005

在少年儿童体能素质的增长过程中,某种体能素质在特定时间段内增长速度特别快,这段时间被称为体能素质的快速增长期或敏感期。在体能发展的敏感期进行针对性锻炼,可取得更好的锻炼效果。不同学者对体能发展敏感期的研究结果存在差异,下表内容仅供参考。

表 5-1-4　儿童少年体能增长敏感期

体能	敏感期(岁)	体能	敏感期(岁)	体能	敏感期(岁)
绝对力量	10~13	动作速度	7~9	平衡能力	6~8
相对力量	14~17	最高速度	7~12	模仿能力	7~12
速度力量	7~13	短时耐力	10~15	协调性	10~12
反应速度	7~11	长时耐力	14~16	灵敏性	10~12

引自:潘绍伟,于可红.学校体育学.北京:高等教育出版社,2005

二、小学生心理特点分析

小学生表现出明显的儿童心理特点,这些特点与足球运动学有着密切的关系。

了解小学生心理活动特点，有助于教师科学设计、合理安排足球教学活动，有效提高足球教学质量（表5-1-5）。

表5-1-5　小学生一般心理特点与发展趋势

心理活动	特点	发展趋势
认知思维	感知觉的无意性和情绪性较明显，领会动作要领较笼统，容易混淆相近的动作。时间和空间感知的精确性逐步发展，二、三年级学生能准确辨别左右、长短等空间方位、距离。视觉记忆能力较强（善于模仿）。对抽象语言的理解能力较差。求知探索欲望强烈	感知事物的目的性和有意性渐趋发展，时空感知能力及其准确性逐渐提高。从以具体形象思维为主过渡到以抽象逻辑思维为主
注意	从无意注意占主导逐渐发展到有意注意占主导。低年级学生注意力容易分散，常带有情绪色彩，集中注意时间往往取决于活动是否有趣生动。有意识地保持注意的时间还不长，但发展提高很快	随年龄的增长，有意注意的能力逐渐增强，五、六年级学生有意集中注意的时间已能达30分钟左右
兴趣	以直接兴趣为主，对有兴趣的活动表现出高度热情，对不感兴趣的活动不乐意参加。兴趣广泛但不稳定，容易转移。对呆板、单调的活动容易产生厌烦情绪	随着年龄的增长，兴趣渐趋稳定，间接兴趣的作用逐渐增强
意志	独立性、主动性和坚毅性较差，不善于控制自己，在激烈的比赛或游戏中容易不自主地犯规。发生意外情况时往往不知所措，常把鲁莽当勇敢。还不善于为一件事反复思考计划。不同学生的意志品质存在差异	随着年龄的增长，自觉性、坚毅性逐渐增强，参与体育锻炼可使勇敢、坚毅等意志品质得到改善。
情绪情感	情绪容易变化，而且不加掩饰，明显外露。社会性情感逐步形成并发展，已能和同伴产生友谊，高年级学生已具有初步的道德感和美感等高级情感。渴望受到教师的平等对待和尊重	随年龄增长，逐渐能克制情绪。情感内容不断丰富，社会性情感逐步形成

引自：中小学校园足球教师用书. 北京：人民教育出版社，2016

虽然小学生的心理活动具有共性特征,但同时还存在明显的个性特征和差异性,性格就在某种程度上反映了个体心理活动的差异性。根据心理活动的倾向性,可将性格划分为内向型和外向型两种不同的类型,不同的性格类型在体育学习中表现出不同的特点。小学生已表现出明显的性格倾向差异性,了解和把握小学生性格倾向的差异性特点,有助于教师区别对待、因材施教地组织和开展教学活动,提高教学的有效性(表5-1-6)。

表5-1-6 小学生性格差异与体育学习

内向型	外向型
自制力强,少有攻击行为,不善交往,道德感强,灵活性差,自信不足,对有难度的动作易产生畏难情绪和恐惧心理,沉着冷静,善于思考。对比赛或对抗性活动缺少主动性甚至易退却	追求刺激,敢于冒险,善于交往,喜欢变化,学习新、难动作不怯场,反应较快,喜欢表现自己和被表扬,乐于助人,容易过高估计自己的能力。乐意参加比赛或对抗性活动

三、小学生足球教学建议

根据小学生身心发展的特点,在小学阶段的足球教学过程中,教师应注意以下几点。

1. 练习内容要富于变化,新颖有趣

变化、新颖的练习形式与方法最容易引起小学生的兴趣,单调乏味的活动最容易使他们失去练习兴趣和注意。小学阶段足球学练内容的安排要符合小学生心理特点,要生动、有趣、多样化,避免呆板、乏味、单一化。学练过程中应多穿插安排一些简单的游戏和竞赛,以增强练习的趣味性。练习中要注意安排短暂的间歇和休息时间,使学生在练习过程保持情绪饱满、精力旺盛。

小学阶段足球学习内容应以各种球感练习,基本的运球、踢球、接球技术,场上位置,基本规则和足球游戏,小场地比赛为主。足球教学过程中,基本技术练习、游戏和比赛要交替轮流进行,不要长时间只进行单一的练习。最好每次课都能安排一定时间的对抗性游戏或小场地比赛,使学生保持较高的足球学习兴趣。

2. 促进学生身体全面发展

教师在足球练习中要注意促进小学生身体的全面发展,注意练习的对称性和均衡性。例如，对熟悉球性的揉球、踩球、拨球、颠球或运球、踢球的练习，最好安排两只脚都进行练习，这样一方面可以促进小学生身体的全面与对称发展，另一方面也有利于促进小学生动作协调性和动作技术的全面发展。

3. 多组织小场地足球比赛

小场地足球比赛可使学生接触球的机会和射进球门的次数大大增加，有助于学生更好地操控和处理球，体验足球运动的乐趣。低年级学生宜组织 4 对 4 或 5 对 5 的小场地比赛，高年级可组织 8 对 8 或 9 对 9 的比赛。小学低年级的比赛在 10 米×20 米至 15 米×25 米的场地上就可进行。体育课上的足球比赛时间不要太长，中低年级的比赛有 2×10 分钟即可。高年级 8 对 8 的比赛可在 30 米×45 米至 35 米×50 米的场地上进行，时间可适当延长。

4. 合理安排运动负荷

教师应合理安排足球课的运动负荷，使运动负荷的大小符合小学生年龄特点和身体承受能力。应以短时间的速度性、灵敏性练习为主，间歇次数要适当多一些，以便学生恢复体力。低年级学生不宜安排长时间的持续性的练习，如较长时间的连续比赛、较长时间的连续奔跑等。

5. 练习场地平坦、适宜

小学生脊椎生理弯曲度小于成人，缓冲能力较差，肌肉娇嫩，骨骼易变形，坚固性较差。因此，小学生足球练习的场地不能过于坚硬，要保证场地上平坦没有杂物，不要让小学生在过硬的地面上做大量的跳跃类练习，要教育学生落地时注意缓冲。小学生关节活动范围大，但牢固性较差，跌倒时容易发生韧带损伤和关节脱位等伤害事故。在发展小学生关节肌肉柔韧性的同时，还要注意发展关节周围的肌肉力量，以增强关节的牢固性。

6. 教会学生正确的呼吸方法

小学生呼吸肌力量相对薄弱，肺活量绝对值较低。教师应教会小学生学会运动中的正确呼吸方法，注意呼吸卫生。在强度较大、时间较长的足球运动中，要有意识地加大呼吸深度而不是加快呼吸频率，以满足身体运动对供氧量的需求。

7. 尊重差异，区别对待

处于青春期的学生，受内分泌腺活动的影响，神经系统稳定性会暂时下降，发育较早的小学生可能会出现动作不协调的现象,女生更为明显。教师对这种现象不应急躁或操之过急,应注意区别对待,通过练习逐步改善这些学生的动作协调性。

教师应了解学生的性格特点,因人而异地进行教育和组织开展足球教学活动。应注意保护外向型性格为主的学生在活动中的积极性,但又要注意不能过多表扬,防止助长他们产生自以为是的情绪;对他们在活动中出现的过激和失控行为要及时批评。应发挥他们的长处,让他们帮助其他同学进行足球学练。对内向型性格为主的学生,应多给予赞扬和鼓励,对他们遇到的困难和动作错误要耐心指导和帮助,绝不能挖苦嘲讽;要善于激发他们对足球运动的兴趣,使他们体验到踢球的乐趣,增强足球学习的自信心。

8. 提倡男女生共同组队比赛

小学生男女之间的身体素质差异不大,男女生混编在一起踢球完全可行,而且更有利于增加女生的自信心、地位感和价值感,也有利于推动女子足球的广泛开展。男女混编比赛可以是男生队对女生队的比赛,也可以是男女混合队对男女混合队的比赛,还可以是男女混合队对男生队或女生队的比赛。

9. 运用直观教学,引导学生模仿练习

小学生神经系统发育尚不完善,低年级学生的动作发展水平尚处于较低水平。因此,低年级学生不宜做过分精细和难度较大的动作,不宜苛求和强调动作的技术细节,要多让小学生做模仿练习而不是向他们反复分析技术。要注意突出动作的关键技术和用力方法,在活动中逐步发展小学生动作的协调性和身体灵活性。

小学生的认知特点是模仿能力特别强。教师要多采用直观形象的教学方法,利用示范动作、图片、视频等向学生展示动作形象,让学生模仿练习;讲解语言要通俗易懂、形象生动,用顺口溜等口诀形式的讲解是不错的选择。学生的年龄越小,直观教学法的作用就越重要。但随着小学生年龄的增长,抽象思维能力以及语言理解能力不断提高,教师可逐渐加大语言讲解和术语运用的比重,以培养学生思考能力,提高他们对足球运动技战术的理性认识。

10. 培养学生在实战中运用所学技能的能力

比赛条件下的足球动作技能属于开放性技能,即动作的操作对外部环境变化的依赖性较强。能不能在比赛中灵活调整、合理运用学过的技战术,能不能在瞬息万变的比赛中及时判断对手或同伴意图并迅速作出决断、采取相应动作,在很大程度上决定了足球运动技能的水平。教师要特别注重运用游戏、比赛和对抗性练习的手段提高学生运用运动技能的能力,提高学生注意的广度和注意的分配能力以及瞬时决断的敏捷性。教师在教学中应注意创设攻防对抗情景,帮助小学生学会在赛场上怎样跑位、怎样随机应变调整动作、怎样合理运用动作,使学生学会踢球比赛而不是只学会几个踢球的动作。

11. 练习难度要循序渐进

低年级学生对空间方位、距离的感知觉还不够发达和精确,教师在设计练习的方法、形式、路线时要注意简单易行、符合小学生感知觉发展水平,练习形式和方法不可过于复杂。随着年龄的增长,练习方法和形式等可以渐趋复杂,以提高小学生对空间、时间的感知能力和判断的准确性。

12. 在足球教学中立德树人

足球学练过程也是一个行为习惯培养和思想品德教育的过程,小学阶段正是行为习惯和价值观的形成时期。教师要在足球学练过程中,通过足球礼仪和行为规范的日常培养,加强对学生的习惯养成教育。要在练习和比赛过程中,注重加强培养学生的规则意识、合作精神,有意识地磨炼学生的意志品质,使学生逐渐具有挑战自我、积极进取和追求卓越的体育精神,使足球运动的学练过程成为促进学生身心健康成长的过程。

第二节 小学足球教学案例

本节根据《教学指南》提供的各学段足球学习内容体系,每个年级选择了两项学习内容,并设计了简明的教学方案,供教师们在足球教学中参考使用。每个方案仅简要描述了该课时的学习目标和教学步骤,并非完整的课时教学计划。教师们在借鉴使用这些案例时,应按照制订课时教学计划的要求,进一步细化各项内容和教学要求,使之形成完整的课时教学计划。在制订课时教学计划时,应根据本校学生的足球实际水平,对各项学习目标和教学步骤的内容加以调整、添加或删减,因校制宜地设计与实施足球教学活动,以获得更好的教学效果。

案例一

小学一年级

一、学习内容

脚内侧踢球、接球(第一次课)。

二、学习目标

(1) 30％左右的学生能够踢球准确、接球稳定,其他学生能够正确做出脚内侧踢球、接球的动作;

(2) 发展灵敏性,提高协调能力和动作准确性;

(3) 体验参与足球运动的乐趣,培养协作和互助意识,增强自信心。

三、重难点

重点:脚踢球部位。

难点:踢球时脚踝固定,身体协调。

四、教学步骤

1. 热身活动:运球跑热身练习

练习方法:老师带领第一组学生跑出,另外三组依次头尾相接进行运球跑热身活动。

2. 徒手操拉伸活动

(1)头部运动;(2)扩胸运动;(3)弓步压腿;(4)仆步压腿;(5)膝关节绕环;(6)踝关节绕环。

3. 球性练习

踩球、拨球、拉球、跨球。

4. 脚内侧踢球、接球

实战用途：触球面积大，准确性高，多用于中近距离的传球和射门。脚内侧可用于接地滚、反弹及空中等多种来球。

动作要领：直线助跑，支撑脚踏在球侧约 15 厘米处，脚尖朝向出球方向。踢球腿由后向前摆动，脚尖稍翘并外展，脚踝固定，以脚内侧击球的后中部将球踢出。

5. 两人合作练习脚内侧踢定位球

练习方法：两人合作时，一人先站在球的后侧，用脚踩住球的中后部，使球固定在原地，另外一人离球一步远的距离站立，支撑脚上一步，在球侧约 15 厘米站定，摆动腿经后向前摆动，同时膝踝关节外展，脚尖微翘，用脚内侧对准球的后中部击球，然后退后一步再继续练习。每人练习 10 次为一组，然后两人交换练习角色。

6. 脚内侧接球

练习方法：两人面对面相距 2～4 米，一人脚内侧用轻微的力量踢球。当球滚动至对面同学的体前时，脚尖外展稍上抬，用脚内侧后撤或切挡的动作使来球停下。两人轮换做踢球与接球练习并逐渐加大传接球距离。

7. 游戏："保龄球"

游戏方法：每队 6 个矿泉水瓶子当作保龄球，在每个点分别摆 1 个瓶子、2 个瓶子、3 个瓶子，并使其成正三角形。踢球起始线距第一个"保龄球"3～4 米，每一轮每个学生都踢一次球，每人击倒的瓶子数相加为本队的成绩，击倒瓶子数最多的队为本轮获胜队，最少的队"奖励"做三个俯卧撑，可进行多轮比赛。

8. 课课练：发展灵敏素质

练习方法：单脚跳踩球，移动拉球转圈、单脚跨跳球，每脚各做 20～30 次，每个动作做两遍。

案例二

小学一年级

一、学习内容

脚背外侧运球（第一次课）。

二、学习目标

（1）70％左右的学生能用一只脚的脚背外侧连续直线运球8～10米不失误，30％左右的学生能够用双脚的脚背外侧运球；

（2）发展灵敏性、协调性、节奏感等运动能力，提高控球能力；

（3）体验参与足球运动的乐趣，培养协作、互助意识，增强自信心。

三、重难点

重点：脚触球部位。

难点：适宜地用力推拨球。

四、教学步骤

1. 热身活动：运球跑步热身练习

练习方法：老师带领第一组学生跑出，另外三组依次头尾相接，在场地上绕各种标志线进行运球跑。

2. 徒手操拉伸活动

动作方法：(1)头部运动；(2)扩胸运动；(3)弓步压腿；(4)仆步压腿；(5)膝关节绕环；(6)踝关节绕环。

3. 球性练习

踩球、拨球、拉球、跨球。

4. 脚背外侧运直线球

实战应用：多用于距防守队员较远时的快速运球推进，适用于向支撑脚异侧的变向运球。

动作要领：跑动时身体自然放松，上体稍前倾，两臂自然摆动，步幅要小一些。运球脚提起时，膝关节弯曲，脚跟提起，脚尖稍内转，在迈步前伸脚着地前，用脚背外侧向前侧推拨球，球向前直线运行，重心随球移动。

5. 两人合作练习原地脚背外侧触碰球

练习方法：两人合作，一人先站在球的后侧，用脚踩住球的中后部，使球固定在原地，另外一人离球一步远的距离站立，支撑脚上步，运球脚提起，脚尖稍内转，用脚背外侧对准球的后中部触球一次，退后一步再继续练习。每人练习10次后两人交换，以体会用脚背外侧推拨球的感觉。

6. 一步一触球练习

练习方法：一只脚作为运球脚，每跑一步用脚背外侧轻微的力量推拨一次球，球向前直线运行，重心随球移动，直线运球跑动8～10米。四列横队散开站队，每一队分别向前练习后站于后排，依次往返集体练习。

7. 一步一触球，两脚交替练习

练习方法：一只脚作为运球脚，每跑一步用脚背外侧轻微的力量推拨一次球，换另外一只脚的脚背外侧推拨球向前直线跑动，左右脚背外侧交替推拨运球，依次往返集体练习。

8. 游戏：脚背外侧运球接力

游戏方法：四人一队，分成若干小组（同四列横队队形相同），每一名学生都运球往返一次，四人依次用脚背外侧一步一触的方法推拨球往返运球接力，先结束的小组为本轮获胜队。每轮最后结束的两个队"奖励"做三个俯卧撑。此游戏可进行多轮。

9. 课课练："蛇形跑"

练习方法：四列横队散开站立，每队最后一个学生快速"蛇形"跑，绕过本队前面的三个同学，并返回自己原来的位置上。每人练习4～6次。

案例三

小学二年级

一、学习内容

脚内侧运球变向（第一次课）。

二、学习目标

（1）70％左右的学生能用脚内侧运球连续变向4～6次不失误，30％左右的学生能用双脚做出运球变向的动作；

（2）发展灵敏素质，提高协调能力和控球能力；

(3)体验参与足球运动的乐趣,培养吃苦耐劳、勤学苦练的良好品质。

三、重难点

重点:脚外展触球。

难点:变向的方法。

四、教学步骤

1. 热身活动:"玩球"——球操、球感练习

练习方法:师生一起跟随欢快的音乐进行踩球、拨球、拉球等律动热身活动。

2. 关节操拉伸活动

(1)脚揉球;(2)膝内侧点球;(3)内跨外展;(4)静力拉伸腿部韧带。

3. 复习:脚内侧横向移动运球

动作要领:一只脚的脚内侧横向稍用力推球的侧中部,重心降低,身体随球跑动跟进,球在体前横向移动;换另一只脚反向拨球移动,做脚内侧运球变向,意在体会左右两脚内侧推拨运球的感觉。

4. 脚内侧运球变向

实战应用:实战中多用于向支撑脚一侧变向运球。

动作要领:一只脚微抬向外展,用脚内侧推球的侧后中部,使球变向移动,屈膝摆臂,身体重心跟进;换另一只脚拨球反向移动,交替向侧前方运球。

5. 两人合作练习脚内侧运球

练习方法:两人合作,练习脚内侧运球3~5米变向,两人同步换位置,体会运球变向时脚内侧推拨球的感觉。

6. 两人合作运球变向3~5米,连续10次不失误进行目标测试

测试方法:两人面对面站立,相距3~5米,左推球、右拨球同步练习,练习过程中失误(包括球没有变向、球速过慢、没有合理控制球等)则前面的几次不再统计,重新累计次数,连续10次不失误为成功。

7. 四人小组练习连续侧前方运球

练习方法:小组成员连续侧前方运球通过4个标志物并累计成功的次数,通过"脚外展""内侧推",体验脚触球的部位和用力方法。

8. 游戏：运球绕标志物往返接力赛

游戏方法：绕过每一个标志物后再运球返回，下一个学生才能开始，依次类推，先结束的队获胜，每局落后的小组"奖励"3～5个俯卧撑，3局比赛由各小组长组织游戏。

9. 课课练：灵敏素质练习

练习方法：30秒之内前后跳越直线，看谁跳的次数多，每人做两到三次。

案例四

小学二年级

一、学习内容

脚背内侧、脚背外侧交替运球（第一次课）。

二、学习目标

（1）70％左右的学生能够用一只脚的脚背内侧、脚背外侧交替推拨球后中部连续变向5～7米曲线运球，30％左右的学生能用双脚的脚背内侧、脚背外侧交替推拨球连续变向运球；

（2）发展灵敏素质，提高协调能力和控球能力；

（3）体验参与足球运动的乐趣，培养吃苦耐劳、勤学苦练的良好品质。

三、重难点

重点：内推外拨的触球部位。
难点：步法移动和用力适宜。

四、教学步骤

1. 热身活动熟悉球性练习（如踩球、拉球、拨球、跨球等）

练习方法：师生一起进行踩球、拉球、拨球、跨球等球性律动热身。

2. 关节操拉伸活动

（1）头部运动；（2）扩胸运动；（3）腹背运动；（4）弓步压腿；（5）仆步压腿；（6）膝

关节绕环;(7)踝关节绕环;(8)静力拉伸腿部韧带。

3. 复习

(1)脚背内侧曲线运球。

实战用途:多用于突破防守队员时的变向运球。

动作要领:一只脚的脚内侧推拨球的侧后中部,重心降低,身体随球曲线跑动;换另一只脚反向拨球移动变向运球。重点体会用左右脚的脚内侧推拨球侧后中部做改变方向的曲线运球。

(2)脚背外侧直线运球。

动作要领:跑动时身体自然放松,上体稍前倾,两臂自然摆动,步幅要小一些。运球脚提起,脚尖稍内转,用脚背外侧推拨球的后下部,使球向前直线运行。重点体会跑一步、脚推拨球一次的用力大小。

4. 脚背内侧、脚背外侧交替运球

动作要领:运球脚的脚背内侧稍用力推拨球的侧后中部,球向侧前方移动,重心降低;蹬跨一步,用脚背外侧稍用力推球的侧后中部,变向曲线运球;脚背内侧与脚背外侧交替推拨球运行。

5. 个人练习

动作方法:每人内推外拨连续曲线交替变向运球3～5米,体会小步幅脚背内侧与脚背外侧交替推拨运球变向的感觉。

6. 小组练习:运球变向连续10次不失误的目标测试

(1)小组长带领组员连续曲线变向集体运球绕标志桶3～5米;

(2)小组长带领组员连续曲线变向集体运球绕标志桶5～7米;

(3)每人用一只脚的脚背内侧、脚背外侧交替推拨球侧后中部连续变向5～7米曲线运球;

(4)小组游戏:脚背内侧、脚背外侧交替运球接力赛;

(5)体验游戏:用两只脚的脚背内侧、脚背外侧交替推拨球连续变向接力赛。

7. 课课练:灵敏素质练习

练习方法:连续绕标志盘蛇形跑、单脚跨跳标志盘,分别做3次或4次。

案例五

小学三年级

一、学习内容

脚背内侧踢球（第一次课）。

二、学习目标

（1）认识脚背内侧踢球在足球运动中的作用，70%左右的学生能用脚背内侧踢出地滚球并且有一定准确性；

（2）发展协调性、灵敏性，增强腿部力量；

（3）培养学生果断、进取的意志品质和相互配合、团结协作的精神。

三、重难点

重点：支撑摆腿连贯有力。

难点：脚背内侧击球部位准确而有力。

四、教学步骤

1. 热身活动：300米慢跑

练习方法：集体热身慢跑300米。

2. 徒手操

（1）头部运动；（2）扩胸运动；（3）弓步压腿；（4）体前屈；（5）膝关节绕环；（6）踝关节绕环。

3. 球感练习

跳踩球、踩拨球、踩拉球、两人短距离左右脚传接球。

4. 脚背内侧踢球

实战应用：脚背内侧踢球，摆踢幅度和触球面积大，出球平稳有力且性能富于变化，多用于中远距离射门、传球以及后场解围等。

动作要领：（以右脚踢球为例）斜线助跑，左脚支撑在球的左侧距球20～25厘米的地方，脚尖指向出球方向，上体稍向左倾，同时右脚顺势以髋关节为轴由后向前摆腿,踝关节紧张加速摆动,用脚背内侧击球的后中部,将球低平踢出地滚球,击球腿随前摆动。

5. 两人合作,练习原地脚背内侧触碰球

动作方法:两人合作时一人先站在球的后侧,用脚踩住球的中后部,使球固定在原地,另外一人离球一步远的距离斜向站立,支撑脚上步站定,踢球脚用脚背内侧触及球的后下部,退后一步再继续练习。每人练习10次后,两人交替练习。

6. 两人短距离踢球、接球练习

练习方法:两人相距4～5米,脚背内侧用轻微的力量踢球,脚背内侧的触球点与击球的后中部点相对接,出球的路线低平直线滚动,接球的学生用脚内侧停球。

7. 两人中距离踢球、接球练习

练习方法:两人相距7～8米,用适当的力量脚背内侧踢球,其他要求同练习6。

8. 游戏:脚背内侧射门得分

游戏方法:每两队之间摆放多个标志盘组成的小门,射门线距小球门约8米,球贴地面通过小门视为射进球门得一分,面向站位的两队学生分别原地接对方踢过来的球,交替进行。比赛射门10次为一局,射进7次及以上的学生为达标。

9. 课课练:"折返跑"练习

练习方法:四列横队散开站立,每一排的学生快速跑至10米处,触摸地面的标志盘后返回,每排依次练习6轮结束。

案例六

小学三年级

一、学习内容

脚背内侧踢凌空球(第一次课)。

二、学习目标

(1) 70%左右的学生能够用脚背内侧踢出凌空球,30%左右的学生能用脚背内侧踢出凌空球并越过8米线进入预定区域;

(2) 增强腿部力量,发展身体协调性、灵敏性;

（3）在学练的过程中体验足球带来的快乐，学会合作与互帮互助，培养团队精神。

三、重难点

重点：支撑脚站位、触球部位。

难点：击球点的准确性和击球的角度、力度。

四、教学步骤

1. 热身活动：脚背正面运球跑圈

练习方法：师生一起进行，一路纵队绕圈，脚背正面运球热身慢跑300米。

2. 拉伸活动

（1）弓步压腿；（2）跪坐后躺；（3）膝关节绕环；（4）踝关节绕环。

3. 复习脚背内侧踢低平球，两人一球，相距10米左右，反复练习。

4. 脚背内侧踢凌空球

动作要领：（以右脚为例）斜线助跑1~3步，助跑方向与出球方向约成45°。支撑脚以脚掌着地，踏在球的侧后方20~25厘米处，足尖指向出球方向，身体稍向支撑脚一侧倾斜。击球腿以髋关节为轴，大腿带动小腿呈弧形由后向前摆动。当膝盖接近球的内侧上方的刹那间，小腿加快摆动，脚尖稍外转，脚面绷直，脚趾扣紧，用脚背内侧部位击球的后下部。踢球后，踢球腿随球继续向前摆动，随惯性落地。

5. 两人一球，练习脚背内侧踢凌空球、接球

练习方法：

（1）脚背内侧踢空中球。两人相距6~8米，斜线助跑1~3步，脚背内侧用轻微的力量踢球的后下部。脚背内侧的触球点与击球的后下部点相对接，出球的路线是空中直线球，体会将球踢离地面的感觉。

（2）接球方法：接球的学生在6~8米处跑动，判断选择空中来球的落点，及时、准确地找到落点，脚内侧迎球抬起，后撤缓冲，将球停在自己的可控范围内。

6. 两人中距离脚背内侧踢凌空球、接球练习

练习方法：同短距离脚背内侧踢空中球，两人相距10～12米，斜线助跑1～3步，用稍大一些的力量踢凌空球，体会将球踢远的感觉。

7. 游戏：脚背内侧踢凌空球进圈比赛

游戏方法：中间圆心直径6米，圆线距四周分别设置8米、10米、12米3条标志线，每人10次脚背内侧踢空中球进圈的机会，自己根据本节课学练情况选择3条不同距离的标志线，近、中、远3条线的分值依次为1分、2分、3分，每次踢球的第一落点进圈分别累计加分，10次累计得分多的学生名次列前。

8. 课课练：灵敏、速度素质小游戏

游戏方法：从起跑线处以脚内侧踢地面球过15米远的线，踢球后迅速追球，等球过线后手抱球快速跑返回，每人做3次或4次。如果踢球力量过小不能过线，可以选择中途抱球返回起跑线再一次踢球恢复比赛。中途再次触球的均为犯规，判罚其绕场跑一圈。

案例七

小学四年级

一、学习内容

运球变向假动作、脚背正面射门（第一次课）。

二、学习目标

（1）了解运球变向假动作在比赛中的用途，70%左右的学生能够初步做出运球变向假动作；

（2）发展灵敏性、协调性等运动能力；

（3）体验在攻防对抗中运用假动作变向运球突破后的成功感和愉悦感，培养学生机智灵活、随机应变的能力。

三、重难点

重点：肩部晃动快速、逼真。

难点:假动作与变向运球衔接连贯。

四、教学步骤

1. 热身游戏:"螃蟹捕鱼"

游戏方法:每队在指定的圆圈内,指定数人(人数的五分之一)做"螃蟹",其余人做运球跑的"鱼",运用学习过的脚内侧、脚背外侧等方法自由运球跑。"螃蟹"只能用横向移动的方法,抢断其他人的球或者把其他人逼出圈外。

2. 静力拉伸和活动膝、踝关节

动作方法:(1)双脚分开,俯身,双手抓脚踝拉伸;(2)两人单脚站立,互相搬住同伴的异侧脚踝上抬;(3)膝关节绕环;(4)踝关节绕环。

3. 球感练习

动作方法:脚内侧快速拨球,前脚掌跳踩球及行进间的拨球、踩球练习。

4. 复习

(1) 单脚的脚内侧与脚背外侧的内推外拨练习。

动作要领:单脚内推外拨时重心在支撑脚上,运球脚的脚内侧内扣推球的侧后中部一次,重心跟进,运球脚的脚背外侧拨球的侧后中部运球一次,单脚连续交替曲线运球。

(2) 左右脚的外拨内扣练习。

动作要领:左右脚外拨内扣时,重心在两腿之间,蹬地跨步双脚同时移动,先用脚背外侧推拨球的侧后中部,同时跨步用脚背内侧扣球侧后中部,然后换脚重复做外拨内扣交换脚运球。

5. 原地左晃右突假动作变向

动作要领:(以右脚为例)双脚稍分开,原地站在球的正后方,稍屈膝,身体突然向左倾斜,肩部晃动,重心加速向右前方移动,同时右脚的脚背外侧推拨球的侧后中部变向突破运球。

6. 原地单脚内剪式假动作变向

动作要领:(以右脚为例)双脚稍分开,原地站在球的正后方,稍屈膝,右脚提起从球上方横向跨过,落在球的侧后方,同时用右脚的脚背外侧拨球向右前方突破运球,原地起步练习内剪式外拨假动作变向。

要求:脚横向跨球的动作快速连贯。

7. 攻防游戏:突破防线成功射门

游戏方法:若干人一组分成若干小组,小组成员轮流做防守,脚背内侧运直线球,做假动作变向突破过人后用脚背正面射门。每成功过人一次并完成射门得1分,小组成员累计得分,得分多的小组获胜。

8. 课课练:发展灵敏素质的练习

练习方法:S形绕标志盘快跑,高抬腿过标志盘,横向直线往返跑摸标志盘。

案例八

小学四年级

一、学习内容

对抗下运球变速过人、脚背正面射门(第一次课)。

二、学习目标

(1) 了解对抗下运球变速过人在比赛中的用途,70%左右的学生能够做出对抗条件下变速过人的动作;

(2) 提高速度,发展灵敏、协调等运动能力;

(3) 体验在攻防对抗中运用变速运球突破后的成就感和愉悦感,培养机智灵活、果敢应变的能力。

三、重难点

重点:运球速度变化明显。
难点:人与球的速度合拍。

四、教学步骤

1. 热身游戏:运控球比赛

游戏方法:每队在指定的圆圈内,每人一个球,运用学习过的踩、拉、拨、扣以及脚内侧、脚背外侧等方法自由运控球跑。每人在运控球的同时还需要把身边其他人的球踢出圈外,并且保护自己的球不被"破坏"踢出圈。在运控球的状态下才能"破坏"别人的球,球出圈的人离开这个圆圈,最后留下的人为优胜者。

2. 静力拉伸和活动膝、踝关节

动作方法:(1)双脚分开,俯身,双手抓脚踝拉伸;(2)单脚站立,双手从后面搬住后抬折叠腿的脚面拉伸;(3)膝关节绕环;(4)踝关节绕环。

3. 复习:脚背外侧直线、曲线快速运球

练习方法一:每队横向用脚背外侧直线快速运球。

练习方法二:每队纵向用脚背外侧曲线转圈快速运球。

4. 运球变速

动作方法:运球变速的距离可长可短;运球变速的节奏可紧可缓;运球变速的方向可直可曲;运球变速的方式可急停急起,也可快慢交替。练习时速度变化要鲜明,人球速度要合拍。

(1)假动作变速运球。

练习方法:原地无球模仿练习,如脚部的假动作或身体的晃动。

(2)掩护性变速运球。

练习方法:一对一配合演练。防守方原地侧面消极防守,运球方身体侧面掩护用远侧脚变速运控球;防守方原地正面消极防守,运球方运用假动作或身体晃动变速运球过人。

5. 对抗下运球变速过人

动作方法:由原地消极防守变为移动防守,实战状态下运用假动作或身体晃动以及急停急起快慢交替等方式运球变速过人。

要求:动作快速连贯,真假动作衔接流畅。

6. 一对一运球变速过人比赛

比赛方法:两人一组,一对一运球,假动作变向过人,轮流做防守。运球变速过人成功率超过 60% 的为达标。

7. 课课练:发展灵敏素质的练习

练习方法:把球放在体前地上,弯腰将球从两腿下向后滚动,返身追上球后,再反方向滚动回来。如此反复连做 5 次,看谁最先完成。

案例九

小学五年级

一、学习内容

脚内侧接控反弹球(第一次课)。

二、学习目标

(1) 了解脚内侧接控反弹球的动作方法与特点,70％左右的学生能做出脚内侧接控反弹球的动作,30％左右的学生能够完成"抛接运射"组合练习;

(2) 提高反应速度,发展灵敏、协调等运动能力;

(3) 培养协作精神和果断的意志品质。

三、重难点

重点:接球脚的脚内侧推压动作。

难点:推压动作的时机。

四、教学步骤

1. 热身活动:抢圈游戏

游戏方法:4人或5人一个小组,中间一个学生在圆圈内抢截球,其余的人在圈外均匀分散站立。传球的学生两脚内传出球,两脚内未传出球者以及被圈内的学生触碰到球或者传球的学生将球传丢时,圈内、圈外相关的两人互换位置继续做游戏。

2. 徒手操

(1)头部运动;(2)扩胸运动;(3)弓步压腿;(4)仆步压腿;(5)膝关节绕环;(6)踝关节绕环。

3. 球感练习

脚内侧跳拨球、拨扣球。

4. 脚内侧接控反弹球

实战用途:在球的第一落点及时接控球,争取控球的主动权。

动作要领：判断空中来球的力量大小和来球路线，目测球达到身边的落点位置，及时移动调整身体。接球脚的脚内侧迅速推压反弹球的侧上部，将球接在身体前面可控的位置处。

（1）一人一球自抛自接反弹球。

练习方法：将球抛向体前空中稍超过头顶，球垂直自然落下，双脚上前一步，接球脚的脚内侧找球的落点，身体稍前倾，接球脚的脚内侧在身体下面及时推压接控球于体前。

（2）两人一球对面抛接反弹球。

练习方法：两人面对面相距3～4米的距离，一人将球空中抛向对方体前约一步的地方。接球的学生判断空中来球的落点，移动调整位置，接球脚外展微抬用脚内侧推压球的侧上部，将球停在体前可控位置。

（3）抛球—接球—运球练习。

方法一：一人一球，自抛、接球、运球练习。

方法二：两人一球，相距3～4米站立，一人抛球，另一人脚内侧接球，接球后运球过人，摆脱抛球的学生，两人交换练习。

（4）抛球—接球—运球—射门。

练习方法：两人一球，相距3～4米面对面站立，一人抛球，另一人脚内侧接球，接球后运球过人，摆脱抛球的学生，过人后迅速调整，用脚背内侧踢低平球射门，两人交换练习。

5. 游戏："抛球—接球—运球—射门"比赛

游戏方法：每队分成两个组，相距4～5米面对面站立，交替进行抛球—接球—运球—过人后射门练习，每组的队尾后面7米处各设一个小球门，每人统计练习时完成"抛、接、运、射"的成功次数，达到70％的成功率为达标优胜。

6. 课课练：提高平衡能力的练习

游戏方法：两人一组，面对面相距5米左右，一人抛球，一人单腿站立，将同伴抛来的球用手回传过去。练习过程中另一只脚不能触地，有能力的同学可用脚内侧回传球。

案例十

小学五年级

一、学习内容

脚背内侧踢角球(第一次课)。

二、学习目标

(1) 了解足球脚背内侧踢角球的技术特点及其在比赛中的用途,75%左右的学生能做出脚背内侧踢角球动作,25%左右的学生能够踢出有一定准确性的角球;

(2) 增强腿部力量,提高灵敏、协调等运动能力;

(3) 培养团结协作、相互配合的团队精神。

三、重难点

重点:踢球瞬间小腿加速摆动、脚背绷直发力。

难点:准确的击球点和传球方向的把握。

四、教学步骤

1. 热身活动:跑圈叫号停球游戏

游戏方法:一个小组围成头尾相接的圆圈,在圆圈线上逆时针跑动,中间一个学生在圆圈内高抛球叫号,被叫到号的学生迅速跑到圈内用脚接控反弹球,一次停控球成功的继续游戏,未停好球的学生在圈内做三次俯卧撑返回队伍,游戏的中途圆圈上的学生不能停下来,恢复游戏后由原来的同学继续抛球进行。

2. 肌肉拉伸与活动膝踝关节

(1)静力拉伸腿部肌肉与韧带;(2)肩带拉伸;(3)膝关节绕环;(4)踝关节绕环。

3. 球感练习

脚背颠球,脚背内侧运球转小圈。

4. 脚背内侧踢角球

实战用途:利用角球获得门前进攻的机会。

动作要领:(以右脚为例)在踢角球时,助跑方向与出球方向约成 45°,最后一步稍大，支撑脚在球左后方，脚尖指向出球方向，距离球内侧后方20～25厘米，膝关节微屈，踢球腿以髋关节为轴，大腿带动小腿由后向前摆动，当膝盖接近球的内侧上方的刹那间，小腿做爆发式摆动并脚尖外转，脚背绷直，以脚背内侧部位触击球的后下部，击球后踢球腿及身体继续随球向前。

（1）两人中距离传球。

练习方法：两人相距7～9米面对面站立，用脚背内侧踢凌空球比准，用脚内侧接球。

（2）两人长距离传球。

练习方法：两人相距13～15米面对面站立，用脚背内侧踢空中球比远，用脚内侧接球。

（3）两队合作踢角球练习。

练习方法：一队站在角球区或者摆放标志物的"角球区"，向相距13～15米远的另一队接应的同伴踢角球，接球的学生判断空中来球的落点紧接着用身体各个合理的部位接控球并迅速形成射门，两队轮换踢角球。

5. 游戏：踢角球射门比准

游戏方法：同两队合作练习时队形，两队之间相互轮换踢角球，踢球者能够将球踢到接应学生身体附近2米以内，视为角球成功；能够长传到接应学生1米以内视为优秀。

6. 课课练：游戏——踢球过线

游戏方法：四列横队散开站立，四人一组，每人分别踢定位球过远处10米的目标线，然后快速跑追球，将球抱回原队，下一个学生接着做，如果第一落点没有过目标线则抱回重新踢。每组的最后一名学生动作结束则本组任务完成，最后结束的3个小组"奖励"5个俯卧撑。游戏比赛3局或4局。

案例十一

小学六年级

一、学习内容

前额正面头顶球(第一次课)。

二、学习目标

(1) 了解足球前额正面头顶球的动作方法及其在比赛中的用途,70％左右的学生能用前额正面将球顶出,30％左右的学生能将球顶至预定目标;

(2) 增强腰腹力量,发展身体的灵敏性和协调性;

(3) 培养学生勇敢、果断的意志品质。

三、重难点

重点:顶球的部位。

难点:发力的方法与时机。

四、教学步骤

1. 热身活动:"橄榄球"游戏

游戏方法:两个队在半个五人制场地内用一个足球进行"橄榄球"游戏,防守队员可以阻拦,但不能抱摔或冲撞,游戏中要注意安全。

2. 拉伸活动

(1)静力拉伸腿部韧带;(2)肩带拉伸;(3)膝关节绕环;(4)踝关节绕环。

3. 球感练习

原地前额正面头颠球,3次以上为合格。

4. 前额正面头顶球

实战用途:具有争取第一时间和抢占制高点的意义,主要用于进攻中的传球、射门和防守中的争抢。

动作要领:(原地头顶球)身体正对来球方向,眼睛注视运动中的球,两脚前后开立(或左右开立),膝关节微屈,重心置于后脚上(或两脚间的支撑面上),两臂自

然张开,顶球前上体后引、蹬地收腹、摆体、顶送发力,当头摆至身体垂直部位时用前额正面顶击球的后中部,顶球的瞬间颈部肌肉保持紧张,顶球后继续前送,以便控制出球的方向。

5．两人一组练习前额正面头顶球

（1）自抛自顶。

练习方法:两人相距2～3米面对面站立,一人自抛球用前额正面头顶球,另一人手接球,两人交替自抛自顶球。

（2）一人抛球,另一人头顶球。

练习方法:两人相距2～3米面对面站立,一人双手将球抛出,小弧线略高于头顶,另一人用正面前额头顶球的方法将球顶向抛球者。连续练习10次后,两人交换抛顶动作。

（3）小组合作练习正面前额头顶球

练习方法:四人一个小组,一个人与另外三人相距3米左右站立,另外三人纵队前后站立。抛球的学生分别为小组其他三人抛球,头顶球的学生依次将球顶向抛球人的手中,每次顶球后到队尾排队,每抛三轮换下一人抛球,依次轮换练习。

6．游戏:"头球射门"

游戏方法:每四人为一组,游戏队形同小组合作练习。地面上分别标出抛球距头球点3米、4米、5米的线,每人每次自己选择远近得分线,3米、4米、5米的标线分别是1分、2分、3分的分值,只有头顶球越过相应的标志线,并且抛球的人第一时间点控制住来球,即可得到相应的分值,否则本次不得分。每人分别抛三轮,每人都抛完球后,四人的得分累计,积分多的组是本次比赛的优胜组。

7．课课练:提高平衡能力

两人一组,面对面站立,相距5米左右,一人抛球,一人单腿站立,将同伴抛来的球用手回传过去。练习过程中另一只脚不能触地,有能力同学可用脚内侧回传球。

案例十二

小学六年级

一、学习内容

二过一配合（第一次课）。

二、学习目标

(1) 了解二过一的配合方法及其在比赛中的用途，70％左右的学生能做出"踢墙式"二过一配合，30％左右的学生能较好地掌握传接球和跑位的时机、方向；

(2) 发展奔跑能力，提高判断准确性和身体协调性；

(3) 培养协作意识和团队精神，增强自信心。

三、重难点

重点：跑位及时，路线准确。

难点：做墙队员回传及时准确，配合默契。

四、教学步骤

1. 热身活动："网鱼"游戏

游戏方法：分成男女各两组，分别在两个五人制的半场进行"网鱼"游戏。先由三人在场地内手拉手织成渔网，合作追捕"鱼"，其他人担任"鱼"，可自由跑动躲闪"渔网"的追捕。被追捕到或者自己跑出场地者视为失败，应和组成渔网的同学拉手加入渔网，使渔网越来越大，直到所有的鱼被捕完。

2. 行进间操

(1)扩胸运动；(2)振臂运动；(3)体转运动；(4)前踢侧踢；(5)外展内跨；(6)踝关节绕环。

3. 复习：活动中传接球

动作方法一：两人一组，前后移动中练习脚内侧传接球，两人交替进行练习。

动作方法一：两人一组，直线跑动中脚内侧传接球练习，争取一脚出球。

4. 介绍踢墙式"二过一"

实战用途：利用与同伴的传球配合，突破对方防守队员。

配合方法："踢墙式二过一"是两名进攻队员通过两次传球越过一名防守队员的配合方法。二过一时，持球队员首先带球靠近防守队员，把防守队员吸引到自己身边2~3米的距离，以地滚球的方式将球传给"做墙队员"，在传球后立即快速插上，准备接应传球。"做墙队员"在控球队员带球逼近防守队员时，应突然摆脱防守者与持球者相互成三角形位置，并侧对进攻方向，当球来时应一脚出球，力量适当，传球到位，以地滚球为佳。

5. 分组练习踢墙式二过一

动作方法：学生站成甲乙两路纵队，前方用标志物替代防守队员，甲运球至标志物前2米左右处将球传给乙，随即加速从标志物外侧跑过，乙接球后随即将球回传给甲，下一次练习两人交换角色。

6. 小组比赛：五人制比赛

动作方法：小场地比赛，半场为一个比赛场地，横向两个半场同时比赛，每队各10人轮流替换比赛。比赛规则采用五人制比赛规则，教师鼓励同学们积极运用二过一配合。

7. 课课练："斗鸡"大战

同学们在一个圆圈内，两手搬起右脚踝放在左腿前面，利用单脚跳移动身体，任意寻找对手，用右腿发动"进攻"，使其失去平衡。失败的同学退出圈外，看谁能坚持到最后。

第六章 初中足球教学建议与案例

> **本章提要：** 本章主要对初中生的生理和心理特点作了概括性介绍，并根据这些特点提出了初中足球教学的若干建议，还分别为每个年级各提供了三份足球教学案例，供体育教师在设计与实施足球教学时参考。

初中阶段是小学到高中的一个过渡时期，也是人生成长历程中的一个重要时期。初中生正处于生长发育的第二个高峰期，身体生长发育和心理成熟之间的矛盾十分明显，具有许多典型的生理和心理特点。初中生的身心特点要求体育教师在设计和实施足球教学时必须了解分析的重要学情。

第一节 初中生身心特点与足球教学建议

在初中阶段，大部分初中学生正处于第二个生长高峰期，大部分女生已处于青春期第二阶段，男生根据发育早晚分别处于青春期的第一或第二阶段，初中生生理和心理活动有其鲜明特点。了解这些特点，有助于教师指导学生进行科学体育锻炼和学练足球，有利于更好发挥足球运动对学生健康成长的促进作用。

一、初中生生理特点分析

初中阶段是连接小学和高中的过渡时期,初中生生理活动有其鲜明特点。了解这些特点,有助于教师指导学生进行科学体育锻炼和学练足球技能,有利于更好发挥足球运动对学生健康成长的促进作用(表 6-1-1 至 6-1-4)。

表 6-1-1　初中生一般生理特点与发展趋势

生理活动	特点	发展趋势
肌肉骨骼	处于第二个生长高峰期,身高、体重增长很快,但骨化过程尚未完成。生长加速时肌肉的发展落后于骨骼增长,肌肉力量和耐力都较差。小肌肉群开始发展。生长加速期结束后,肌肉开始横向增长,躯干肌肉力量增长较快	生长加速后期,肌肉横向发展较快,肌纤维明显增粗。男生引体向上 14~15 岁时增长较快
血液循环	心脏的每搏和每分输出量比小学生有较大增长,但仍明显低于成人。青春发育期后,心脏发育速度增快,血管发育相对滞后,同时由于性腺、甲状腺等分泌旺盛,易引起"青春期高血压"	青春期高血压多见于发育良好、身高增长迅速的少年
呼吸功能	最大肺通气量和最大摄氧量的绝对值均高于小学生,低于成人,但相对值可高于成人。十三四岁时摄氧量增大最明显	最大通气量和摄氧量的绝对值逐渐增长且明显,但相对值较稳定甚至下降
神经控制	青春期开始阶段,神经系统稳定性下降,兴奋过程占优势,动作不协调。随着青春发育期的进行,动作协调性又逐渐得到改善	第二信号系统功能随年龄增长逐渐发展,但还不够完善
身体素质	男生 14~15 岁时是力量(引体向上)增长的敏感期,14~16 岁是柔韧性(立位体前屈)增长的敏感期,14~15 岁时灵敏素质仍有增长	各项素质随年龄增长而自然增长,但女生增长速度明显低于男生。三年级后速度素质的增长放缓

引自:中小学校园足球教师用书.北京:人民教育出版社,2016

表 6-1-2　初中生身高、体重、胸围、肺活量增长情况

年龄（岁）	身高（厘米）		体重（千克）		胸围（厘米）		肺活量（毫升）	
	男	女	男	女	男	女	男	女
12	152.3	152.1	43.9	42.3	72.3	72.0	2102	1829
13	159.8	155.9	49.3	46.2	75.8	75.0	2477	1955
14	165.2	157.7	53.8	48.6	78.7	76.8	2830	2108
15	168.7	158.5	57.2	50.1	80.8	78.1	3164	2207

引自：中国学生体质与健康调研报告.2010

表 6-1-3　初中生最大肺通气量与最大摄氧量与成人的比较

年龄（岁）	最大肺通气量		最大摄氧量	
	绝对值（L/min）	相对值（L/kg/min）	绝对值（L/min）	相对值（mL/kg/min）
12～13	56～60	1.92	1.7～2.0	44～53
14～15	60～67	1.90	1.8～2.3	38～51
成人	70～120	1.90	2.0～3.0	36～50

引自：邓树勋等.运动生理学.北京：高等教育出版社，2005

在少年体能素质的增长过程中，某种体能素质在某一段时间内增长速度特别快，这段时间被称为体能素质的快速增长期或敏感期。在体能发展的敏感期进行针对性锻炼，可取得更好的锻炼效果。不同学者对体能发展敏感期的研究结果存在差异，下表内容仅供参考。

表 6-1-4　儿童少年体能增长敏感期

体能	敏感期	体能	敏感期	体能	敏感期
绝对力量	10～13	动作速度	7～9	平衡能力	6～8
相对力量	14～17	最高速度	7～12	模仿能力	7～12
速度力量	7～13	短时耐力	10～15	协调性	10～12
反应速度	7～11	长时耐力	14～16	灵敏性	10～12

引自：潘绍伟，于可红.学校体育学.北京：高等教育出版社，2005

二、初中生心理特点分析

初中学生心理特点与学练足球有着密切的关系,了解初中学生心理活动特点及其个体差异,有助于教师科学设计、合理安排足球的学练活动,提高足球教学的有效性(表 6-1-5)。

表 6-1-5　初中生一般心理特点与发展趋势

心理活动	特点	发展趋势
认知思维	感知质量提高,比小学阶段更富有选择性、理解性、整体性和恒常性。能主动对教师示范讲解的内容进行思考,已从具体形象思维占主导发展到抽象逻辑思维占主导。能理解简单的战术意图并具备初步的战术意识。观察的精确性不够,常有草率下结论等不成熟表现	随着年龄的增长,感知事物的能力及其准确性,以及抽象逻辑思维能力不断发展
注意	有意注意能力提高,上课时已能较长时间集中注意力。注意的稳定性、目的性和选择性有较大发展。注意的广度和分配能力虽有一定发展,但还难以把握赛场上复杂多变的情况	初一时还部分带有小学生的某些特点,初三有较大发展和提高
兴趣	兴趣广泛并不断分化,比小学生更具有选择性和稳定性,对不同体育活动内容表现出不同的态度。男女学生的兴趣取向开始出现明显差异。兴趣的效能和稳定性存在个体差异,大部分学生还缺少稳定的兴趣中心	随着年龄的增长,运动兴趣渐趋稳定,间接兴趣作用增强,男女兴趣差异渐趋明显
意志	意志品质有明显发展,敬佩并喜欢模仿意志坚强的人,渴望成为意志坚强者。敢做较难而惊险的动作,有时甚至表现出惊人的不怕困难和不畏艰险的胆量。能承担较大的运动负荷,但常常过高估计自己的力量和能力	意志品质存在较大个体差异,但总体上呈现逐渐增强趋势
情绪情感	情绪易波动,两极性明显,常因比赛顺利而兴奋和信心十足,也可为比赛失败而烦恼甚至绝望,还可因裁判的不公而争吵、动怒等。感觉自己已是个大人,渴望受到尊重。由于独立性和依赖性、成人感和幼稚感等矛盾冲突而容易自卑、困扰、焦虑、逆反	社会性情感逐渐发展。情感的发展和表达表现出个体差异。成人感逐渐强烈

引自:中小学校园足球教师用书.北京:人民教育出版社,2016

每个学生都是独一无二的个体,虽然初中生的心理活动具有共性特征,但同时他们还存在明显的个性特征和差异性。气质就反映了个体心理活动的差异性特征。气质和我们平常所说的"脾气""秉性"意思相近,并且与人的高级神经活动类型有一定联系。气质类型本身并无好坏之分,任何气质类型都有积极和消极的方面。初中学生已具有明显的气质类型特点。了解学生的气质类性及其表现特点,有利于教师在足球教学中区别对待、因材施教(表6-1-6,表6-1-7)。

表6-1-6 气质类型与高级神经活动类型的对照及表现特点

气质类型	高级神经活动类型	表现特点
多血质	强、平衡、灵活性高(活泼型)	情绪兴奋性高;可塑性和外向性较强;喜欢与人交往;注意力易转移,反应快而灵活;活泼、好动、敏感
胆汁质	强、不平衡(不可抑制型)	外向性明显;情绪兴奋性高,易冲动;抑制能力差;反应速度快但不灵活;精力旺盛,脾气暴躁
黏液质	强、平衡、灵活性低(安静型)	情绪兴奋性较低,不轻易外露;内向性明显,外部表现少;反应缓慢,沉默寡言,安静、稳重
抑郁质	弱(抑制型)	内向性明显,较孤僻;情绪体验深刻;反应迟缓且不强烈,刻板而不灵活;善于察觉他人不易察觉的细节

表6-1-7 不同气质类型在体育学习中的表现

气质类型	体育学习表现
多血质	对有难度的动作易发生兴趣,喜欢尝试新动作,掌握动作较快。不喜欢单调的运动,反应灵敏,适应性强,注意易转移
胆汁质	喜欢参与激烈、对抗、刺激的运动,积极性高,主动性强,不喜欢节奏较慢和细腻的体操、太极拳类的运动,动作掌握较慢且生硬
黏液质	对有难度的动作学习易产生畏难情绪,惰性较高,缺乏主动性。一旦对某项运动产生兴趣,则能积极、持久地投入学习
抑郁质	学习动作较迟钝,灵活性差,缺乏主动性,常会"混课"。如缺少关心帮助,可能会对体育学习失去信心

三、初中足球教学建议

根据初中生的身心特点,在初中阶段的足球学练过程中,教师应注意以下几点。

1. 促进学生身体全面发展

初中阶段,是一个学生从小学向高中过渡的阶段,虽然初中学生各系统器官的机能已比小学阶段有较大的发展,但发育仍不完善,仍具有小学生的许多特点。所以,教师在足球教学中仍然要注意学生身体的全面发展和练习的对称性,注意对学生骨骼的保护,防止因练习安排不当而对学生的生长发育造成不良影响。

2. 合理安排运动负荷

教师应根据初中学生年龄特点,在足球教学中安排适宜的运动负荷,可适当加大运动量和运动强度。要注意安排好练习之间的休息时间和间隔次数,以利于学生身体恢复。学生的身体发育存在差异,对那些在运动实践中表现出心脏发育较差或功能低下的学生,一定要循序渐进,严格控制运动强度和运动量,逐渐提高他们的心脏功能。

3. 全面发展体能素质

从体能素质发展的敏感期来看,初中阶段速度素质增长较快,力量素质的增长较晚,心脏发育仍不完善。教师应在着重发展速度、灵敏等体能素质的基础上,适当增加发展耐力和力量素质的练习,以促进学生耐力素质和肌肉力量的提高,全面发展体能。应适当安排上肢力量的练习,如引体向上、俯卧撑等,以弥补足球运动在上肢锻炼方面的不足。

4. 以小场地、短时间比赛为主

小场地5对5或8对8的比赛可以有效增加学生接触球的机会和进球次数,提高学生控制和处理球的能力。因此,初中生的足球比赛仍然以小场地为主,时间也不宜太长。如8对8的比赛,在30米×45米至35米×50米的场地上就可进行,时间可掌握在2×15分钟。有标准足球场的学校,可将足球场划分为若干块小场地,并增设小球门,以增加参赛人数,方便学生开展比赛活动。

5. 练习内容和方法要富于变化

初一年级学生身上还保留有许多小学生的心理特点,因此初中足球课学习内容的安排要符合学生的心理特点,要富有趣味和多样化,避免呆板乏味和单一化。每次足球课最好都能安排一些对抗性游戏和小场地比赛,使学生对足球运动保持持久的兴趣,形成运动爱好,并在对抗性练习和比赛活动中不断提高运用所学足球技能的能力。

初中生足球课上的练习内容要丰富,方法与形式要多样化,切忌单调乏味和较长时间地进行一种无变化的练习。每次足球课的练习方法最好不少于 4 种,每种练习的时间不宜持续超过 8 分钟。最好每次课都安排有对抗性游戏或小场地比赛,给学生提供更多的运用所学足球技能的机会。

6. 教会学生正确的呼吸方法

教师要注意教会学生正确的呼吸方法,告诉学生应在强度较大的运动中或比赛跑动的间歇中有意识地加大呼吸深度而不是加快呼吸频率,以增加吸氧量,满足身体运动对摄氧量的需求。

7. 关注学生的身体差异和技能差异

少数初中学生会出现青春期高血压。对于出现青春期高血压的学生,如无不良反应或运动后无不适反应,可允许正常参加足球运动,但应适当减小其运动负荷,不让他们做负重练习和憋气用力的动作,同时应对其加强观察和医务监督。

由于生源不同,一所初中的学生可能来自不同的小学,而不同小学开展足球活动的情况各异,可能有些学生从未接触过足球。对于那些足球技能零起点的学生,教师应区别对待、因材施教,可采用学生之间互帮互学的方法,帮助这些学生加快足球学习的进程,能尽快和其他同学一起参与足球练习。

8. 运用直观教学,引导学生模仿练习

对初中学生仍然要多采用直观形象的教学方法,要多示范、精讲解,让学生多做模仿性练习,不要对学生长篇大论地讲解、分析动作技术细节。对于青春期出现的暂时性动作不协调现象,教师不应操之过急,应通过有效的方法逐步改善和发展学生动作的协调性。

9. 培养学生在对抗条件下运用技能的能力

比赛条件下的足球动作技能是一种开放性技能,即动作的操作对外部环境有较强的依赖性。足球运动技能水平主要取决于学生在比赛中的瞬时决断能力,即及时、快速地判断对手或同伴意图,迅速作出决断并采取相应动作的能力。教师要特别注重运用游戏、比赛和对抗性练习手段提高学生运用运动技能的能力,注重创设攻防对抗的练习情景,提高学生在比赛环境中随机应变运用动作技术的能力,帮助学生学会在比赛中合理跑位、相互配合,使学生学会在对抗条件下调整身体与合理运用动作、初步具备参与足球比赛的能力,而不是只使学生学会一些踢球的动作方法。

10. 逐步提高学生对足球技战术的理解能力

随着初中学生抽象思维能力的不断提高,教师可适当加强对足球运动技战术的分析,不断发展他们的独立思考能力和战术意识以及对战术配合的理解能力,提高他们对足球运动和足球技战术的理性认识。但仍要注意的是一次性讲解的时间不宜过长。

11. 加强对学生意志品质和体育道德的培养

教师应有意识地通过比赛和各种练习活动,加强对学生行为习惯的养成教育和思想品德教育,有意识地磨炼他们的意志品质,培养他们遵守规则、尊重对手、尊重裁判的良好体育风尚,提高他们在比赛中的自我控制能力和行为规范。应通过具体示例和利用某些教育契机,教育学生正确认识自己的能力,既要有自信又要有自知之明。要帮助学生如何分清比赛中勇敢和鲁莽、果断和草率、对抗和报复、友善和竞争的区别。要教育和帮助学生正确对待比赛胜负,使他们既能享受胜利的喜悦又能经受失败的挫折,使足球学练过程成为一个促进学生身心健康发展的过程。

12. 教学中要关注学生的个性差异

教师应注意观察分析学生的气质类型倾向及其表现特点,因人而异地进行教育和组织开展教学活动。例如,对多血质为主的学生,应着重培养他们认真、细心、刻苦的学习品质,不断提出新的更高的学习要求,促使他们不断发展提高;对胆汁质为主的学生应注意控制他们的兴奋点,提高他们在比赛和对抗性活动中的自制力，发现有过激行为时要及时制止、批评，尽量避免把两个胆汁质的学生安排在一起做对抗性练习，以降低发生冲突的可能性；对黏液质为主的学生应注重激发他们的运动兴趣，提高足球学习的积极性和主动性，促使他们积极参与集体活动；对抑郁质为主的学生应加强培养他们勇敢、果断的意志品质，要耐心指导，多给予表扬，要鼓励他们哪怕是很微小的进步，促使他们树立学习信心。

第二节　初中足球教学案例

本节根据《教学指南》提供的各学段足球学习内容体系，每个年级选择了三项学习内容，设计了简明的教学方案，供教师们在足球教学中参考使用。每个方案仅简要描述了该课时的学习目标和教学步骤，并非完整的课时教学计划。教师们在借鉴使用这些案例时，应按照制订课时教学计划的要求，进一步细化各项内容和教学要求，使之形成完整的课时教学计划。在制订课时教学计划时，应根据本校学生的足球实际水平，对各项学习目标和教学步骤的内容加以调整、添加或删减，因校制宜地设计与实施足球教学活动，以获得更好的教学效果。

如果你们学校的学生在足球运动方面没有小学阶段的学习基础，教师可以参考小学阶段的教学案例，并根据本校实际，灵活设计并实施足球教学活动。

案例一

初中一年级

一、学习内容

球感练习，脚内侧踢、接地滚球（第一次课）。

二、学习目标

（1）能在练习与比赛中合理控制球，能用脚内侧较准确地连续传接地滚球；

（2）发展反应速度和灵敏素质，提高协调能力及动作准确性；

(3) 培养认真细致、不急不躁、勤学苦练的良好品质。

三、重难点

重点：击球部位与踢球时脚踝固定。

难点：传接球准确、协调。

四、教学步骤

1. 热身活动

(1) 慢跑、变向跑、变速跑、小步跑。

(2) 关节活动操。

(3) 游戏："赶小猪"。

练习方法：把 30 米×30 米的场地分为 4 个区域，每组进入一个区域，两人一球迎面站，听令，有球那一边向前赶球，把球交给自己的伙伴，比比看哪组先完成一个来回。

2. 球感练习

(1) 脚内侧连续触碰球（根据学生的球感熟练程度可在前后移动中完成）。

(2) 连续的脚底拖拉球（根据学生的球感熟练程度可在前后移动中完成）。

(3) 脚内外侧拨球。

(4) 颠球（脚背正面、脚内侧等部位）。

练习方法：把 30 米×30 米的场地分为 4 个区域，每个区域限定一种练习内容，一定时间后每个区域交换练习。

3. 控球接力比赛

利用各种球感练习内容完成接力比赛。

4. 练习脚内侧踢、接地滚球

实战用途：脚内侧踢球力量不大，但准确性高，比赛中多用于短距离的传接球配合（如二过一）及射门。

动作方法：直线助跑，最后一步稍大些，支撑脚踏在球侧约 15 厘米处，膝关节微屈，脚尖朝向出球方向。踢球腿以髋关节为轴由后向前摆动，踝关节外展，脚尖稍翘，以脚内侧对准球，当膝关节摆至接近球体上方时，小腿加速前摆，击球刹那，

脚跟前顶,脚底微抬与地面平行,脚型固定,用脚内侧击球的后中部将球踢出。接球时根据来球速度与位置采用迎前、回撤缓冲、切挡等接球方法。

练习方法:两人一球,面对面相距 10 米左右,反复传接球。

5. 射小门比赛

两人一组,用标志物摆放成 1～2 米的小门(门的大小可根据学生的能力来调整),两人相距 5～8 米,看看 2～3 分钟内哪组的球被成功踢进小门的次数最多。

6. 课课练

内容为小足球场对角线快跑、端线慢跑、根据场地大小连续跑若干圈。

案例二

初中一年级

一、学习内容

变速运球过人、复习脚背内侧踢球(第一次课)。

二、学习目标

(1) 能较熟练地控制球并采用变速的方法过人,能用脚背内侧踢出有一定高度和准确性的凌空球;

(2) 提高动作准确性及反应速度,发展灵敏、协调能力;

(3) 培养认真细致、不急不躁、勤学苦练的良好品格。

三、重难点

重点:运球速度变化明显。
难点:人与球的速度合拍。

四、教学步骤

1. 热身活动

(1) 慢跑、变向跑、变速跑、小步跑。

(2) 自编徒手操。

(3) 游戏:"抓地鼠"。

练习方法:将学生分为若干组,在场地中央的呼啦圈内摆放足球。教师发令后,每组其中一名队员快速跑向场内将球运回本方大本营,看看哪个组取回的球最多。

2. 运球及变速运球过人练习

实战用途:实战中利用运球速度的突然变化,突破防守队员。

动作要领:利用突然加速、急停急起等运球速度的变化,甩掉防守队员。运球者必须能很好地控制球和自己的身体,做到球随人走、人随球走、人球同步。

(1) 脚内侧运球、脚背正面运球、脚背外侧运球。

练习方法:把30米×30米的场地分为3个长方形区域,每个区域限定一种练习内容,一定时间后每个区域交换练习。

(2) 在长方形场地内,两人一球,一人防守,一人运球变速过人,然后双方交换练习角色。

3. 游戏:安全区域争夺

练习方法:在场地内4条边线附近设置相应的安全区域,学生散落在场地内随意运球,听到哨声后学生用最快速度将球运至安全区域,每个区域最多只能容纳5人,"无家可归"者可"奖励"几个俯卧撑。

4. 游戏:突破防线

练习方法:在一块场地上,将学生分为4组,每人一球站在场地的4条边线上,场地中央设置若干名学生防守,规定有的人可以移动防守,有的人只能原地防守,听口令后根据防守者情况,采用不同方法运球过人至对面边线。

5. 复习脚背内侧踢球

实战用途:摆踢幅度和触球面积大,出球平稳有力且性能富于变化,多用于中远距离射门、传球以及后场解围等。

动作要领:助跑方向与出球方向约成45°,脚尖外转,脚背绷直,用脚背内侧击球。

练习方法:教师先示范讲解,然后两人一球,相距15米左右,用脚背内侧相互传接球,要求将球踢成能越过头顶的凌空球。

6. 分组比赛

小场地5对5或8对8比赛。

7. 课课练

绳梯练习3组(单脚跳、双脚跳、小步、跨步等)。

案例三

初中一年级

一、学习内容

脚背正面接空中球射门、小场地比赛(第一次课)。

二、学习目标

(1) 了解接球—射门组合技术在比赛中的用途,能初步做出接空中球射门的组合动作,成功率达50%以上;

(2) 发展反应速度和灵敏素质,提高身体协调能力;

(3) 培养勇敢、果断的意志品质,体验射门成功的成就感和愉悦感。

三、重难点

重点:及时移动和接球部位。
难点:回撤缓冲与球的下落同步。

四、教学步骤

1. 热身活动

(1) 慢跑、变向跑、变速跑、小步跑等。

(2) 关节活动操。

(3) 游戏:"打龙尾"。

练习方法:将学生分为甲乙两组,甲组围成一个直径15米的圈,乙组成一路纵队,后面同学双手抱住前方同学的腰部形成一条"龙",在圆圈中跑动,甲组用脚踢球打击龙尾,被球击中者变为对方人员,继续参与打龙尾。

2. 原地射门练习

练习方法:将球放在距球门10～15米处练习射门,可以运用不同方式射门,如推射、抽射等。

3. 脚背正面接空中球

实战用途:将来球接到自己的可控范围之内并衔接下一步进攻动作。

动作要领:根据球的落点,及时移动位置,用脚背正面上迎下落的球;当球与脚面接触的瞬间,接球脚与球的下落同步下撤,大腿、膝关节、踝关节、脚趾均保持适度的紧张,脚尖微翘将球接到可控的位置;接高空落下的球时,可以将脚微抬起,并适度背屈;当球接触脚背的瞬间,踝关节放松,将球接到身体附近。

练习方法:把场地分为4个长方形区域,每个区域安排适当数量的学生,先练习自抛自接,然后两人一组,一人抛球,一人接球。

4. 迎面接球练习

练习方法:将学生分为若干组,每组6人,相距10米距离,两侧各3人迎面站立,接对面踢过来的空中球,接球完成后带球至另一侧队尾。

5. 接球—射门练习

练习方法:将场地分为4个区域,每个区域两队,并设置两个球门,要将每队学生编号并要求学生记住自己的编号,听到教师所喊号码的学生快速跑出接守门员抛出的球,利用脚背正面接球并紧接着完成射门,比一比哪组成功率最高。

6. 比赛

分组小场地5对5比赛。

7. 课课练:游戏"看信号起跑"

练习方法:原地连续做单脚跳,每跳两次交换起跳腿,看教师手势信号后突然起动,并向教师手势指定的方向快跑,听教师哨音后减速停止。

案例四

初中二年级

一、学习内容

活动及对抗中脚内侧踢、接空中球,变向运球过人(第一次课)。

二、学习目标

（1）能在有防守的条件下完成脚内侧踢接空中球动作，成功率达 50% 以上，能在对抗中做出运球变向过人动作；

（2）提高对抗能力，发展反应、灵敏与协调等运动能力；

（3）培养竞争意识、规则意识以及勇敢果断的意志品质。

三、重难点

重点：移动及时，踢球部位与时机准确。

难点：击球部位与预定击球方向一致，接球时后撤动作与球的下落同步。

四、教学步骤

1. 热身活动

（1）慢跑、变向跑、变速跑、小组交替领先跑。

（2）自编徒手操。

（3）游戏：运球穿洞。

练习方法：将学生分为 4 队，每人相距 2 米并成两路纵队站立，两腿分开。比赛开始后，排尾队员运球依次绕过前面的同学到达排头，再将球向后传出，球必须经过本队队员的两腿之间。排尾同学接到球后向前绕人运球，继续游戏。

2. 运球及运球过人练习

练习方法：4 人一组，两两相对，接对面传来的球后，迎面运球至对面防守者 2 米左右时变向运球过人，要求防守者先消极防守两次再积极防守。

3. 脚内侧踢接空中球练习

实战用途：不等球落地就第一时间处理球，争取时间上的先机，获得控球主动权。

踢球动作要领：大腿抬起，小腿拖后，脚内侧对准出球方向，根据所要踢球的方向，利用小腿摆动的动作平踢球的中部、中上部或中下部。

接球动作要领：根据来球的速度及轨迹，及时移动位置。若为抛物线较小的平空球，应选择适当高度的接球点，接球腿抬起，使脚内侧部位对准来球的方向并前迎,脚在接触球的一瞬间后撤,将球接在可控的位置处。

（1）自抛自接空中球:可以手抛球,也可以颠球 2 次或 3 次后用脚接球。

（2）脚内侧踢空中球:4 人一组面对面站立,连续抛踢空中球。

（3）对抗中踢空中球:分 4 组,每组围成一个直径 10 米的圈,圈内外各一半人,外侧同学抱球向圆圈内抛球,圈内同学跑动找不同位置接踢空中球,圆圈内加入适当人数的防守队员进行干扰。

4. 游戏:比比谁的次数多

练习方法:分成 3 人一组的若干个小组,每个小组站成等边三角形,用脚内侧传空中球,球不能落地。球最先落地的那个小组每人做俯卧撑 10 个。

5. 腰腹力练习

练习方法:仰卧两头起 1 分钟,俯卧挺身 1 分钟。

案例五

初中二年级

一、学习内容

接球、运球过人后射门、小场地比赛(第一次课)。

二、学习目标

（1）能比较自然、连贯地完成接球、运球过人与射门动作,射门成功率在 50% 以上;

（2）发展身体灵活性和协调性,增强腿部爆发力;

（3）培养机智、果断的良好品质。

三、重难点

重点:接球、运球过人与射门的连贯性。
难点:动作衔接速度与射门成功率。

四、教学步骤

1. 热身活动

(1) 慢跑、小步跑、变向跑、变速跑。

(2) 活动各个关节。

2. 游戏:躲避来球

练习方法:利用小足球场中圈,把学生分为两组,一组学生圈外用足球向内抛击,一组学生在圈内躲避来球,比比看哪一组同学在规定的游戏时间结束时圈内剩余人数多。

3. 攻防对抗练习

(1) 无球练习:两人一组,一人进攻一人防守,进攻者力争运用变向、变速等方法突破防守队员。

(2) 不同脚法的运球练习:左扣右拨、右扣左拨的运球变向突破。

(3) 一对一对抗条件下运球过人:距球门 20 米处出发,进攻者力争将球运到球门之内。

(4) 接同伴传球后,运球过标志物射门。

(5) 1 对 1 比赛:接同伴传球后,形成 1 对 1 局面,运球过人后,射门。

4. 小场地比赛

分组 5 对 5 或 8 对 8 对抗赛。

5. 课课练

(1)持球仰卧两头起;(2)一分钟快速立卧撑;(3)手扶足球的俯卧撑。

案例六

初中二年级

一、学习内容

局部 3 对 3 攻防、小场地比赛(第一次课)。

二、学习目标

(1) 能在接近实战条件下完成对抗性练习,进攻中射门能打进门框内的比率达 40% 以上;

(2) 提高反应速度,发展灵敏、协调等运动能力;

(3) 培养勇敢、果断、坚毅的意志品质和拼搏精神。

三、重难点

重点:传接球及时、准确。

难点:射门时机的把握与准确性。

四、教学步骤

1. 热身活动

(1) 慢跑、小步跑、变向跑、变速跑。

(2) 活动各关节。

2. 游戏:通过封锁线

练习方法:利用标志杆在场地上摆设 4 或 5 个 7 米宽的球门,每个门有一名看门人,学生听到哨声后快速运球穿过球门到达门后安全区域,在规定时间内没有通过的和被抓到的为失败者。

3. 攻防对抗练习

(1) 运球练习:每组划定一块场地,每人一球在场地内运球,相互把其他运球的队员当成防守队员,注意运用变向、变速等方法,尽量不丢球。

(2) 小门传球:30 米×30 米场地内放置 4 个 2 米宽小门,学生分组站在场区两端准备,教练向场内抛出球后,第一组三名队员进入场内进行传控球,传进一个小门得 1 分,第二组三名队员进场担任防守队员,抢断球后本次练习结束。一轮练习之后,双方互换角色继续练习。

(3) 局部对抗练习:30 米×30 米场区,放置两个球门,球门边放置三个标志碟作为起点标志,学生三人为一小组,共分成两大组,各站在球门一侧做好准备,教师在中场将球随机抛给某一组,该组三名学生立刻进场通过传接球配合向前推进并射门进攻,另一组三名学生随即进场进行防守。

4. 小场地比赛

学生分成若干小组,5对5或8对8进行小场地对抗赛。

5. 课课练:交替领先跑

练习方法:田径场一路纵队慢跑,最后一名同学加速跑至最前面,喊"完成",最后一名同学迅速起动加速跑至最前面,依次进行。

案例七

初中三年级

一、学习内容

边路传中进攻、小场地比赛(第一次课)。

二、学习目标

(1) 知晓并理解边路传中的方法,能在比赛中主动运用边路传中的方法组织进攻;

(2) 提高攻防对抗条件下合理运用技术的能力,提高身体对抗能力和足球专项体能;

(3) 学会与同伴协作配合,培养团队互助精神。

三、重难点

重点:传中与包抄的时机。
难点:传中与包抄的默契配合。

四、教学步骤

1. 热身活动

(1) 两路纵队相距6米慢跑,跑动中传接球。
(2) 关节活动操。

2. 游戏:"溜猴抢圈"

练习方法:学生分成若干小组,每组站成一个圆圈相互传接球,尽量一脚出球,一人担任防守者在圈内抢断球,传接球失误者到圈内替换抢球者。

3. 边路传中练习

实战用途:当对方中路防守严密,边路防守相对宽松,或本方边路队员速度快,突破与传中能力强时,均可采用边路传中的方法组织进攻。

配合方法:攻方队员在与对方底线还有一定距离的边路位置,通过长传把球传向对方大禁区内,或者传给禁区附近位置的同队队员,由其完成射门进攻。

中路防守一般较为严密,难以突破,但中路防守加强会造成边路防守相对宽松,边路进攻就成了一种比赛中常用的进攻战术。

(1) 2人一组,1人边路运球突破传中,1人包抄射门。
(2) 3人一组,2人边路"二过一"传中,1人包抄射门。
(3) 4人一组,1人边路下底传中,3人分3路包抄射门(地滚球)。
(4) 4人一组,1人边路下底传中,3人分3路包抄射门(空中球)。

4. 小场地比赛

5对5或8对8小场地比赛。附加规则:用边路传中完成射门的队可得2分。

5. 课课练

立卧撑15次后冲刺跑15~20米,每人完成3组。

案例八

初中三年级

一、学习内容

3人配合中射门、小场地比赛(第一次课)。

二、学习目标

(1) 掌握快速移动中射门的基本方法,能在快速移动中完成射门动作;
(2) 发展灵敏、柔韧、腿部力量等身体素质;
(3) 培养合作、互助的团队精神和勇敢、果断的意志品质。

三、重难点

重点：射门的时机与力量。

难点：在对抗条件下完成配合与射门。

四、教学步骤

1. **热身活动**

（1）慢跑、变向跑、变速跑、小组交替领先跑。

（2）自编徒手操。

（3）游戏："网式足球"。

练习方法：用脚踢球的方法打"排球"，教师可根据学生足球水平适当降低网高，制定击球次数等游戏规则。

2. **三人配合射门练习**

（1）三人跑动传接球：每三人一组，中间一人为接应队员，负责把球传向两边同伴，跑动中进行三人传接球练习。

（2）接同伴回传球射门：两人传接球向前推进，负责射门的同学将球传给靠近球门位置的固定同伴后，迅速从一侧向球门方向跑动，到达合适位置后接同伴回传球射门，然后替换固定位置的传球同学，帮助其他同学继续完成练习。

（3）三人一组下底传中射门练习：由边路发起进攻，与接应同伴做踢墙式二过一后下底传中，中路同伴前后点包抄射门。

（4）倒三角包抄射门：两人完成二过一配合后，回传给第三人直接射门。

3. **小场地比赛**

5对5或8对8小场地比赛，能在比赛中完成三人配合后射门的队可得2分。

4. **课课练：变速跑**

成一路纵队，围绕田径场弯道快跑＋直道慢跑，若干圈。

案例九

初中三年级

一、学习内容

运球过人、抢截球（第一次课）。

二、学习目标

（1）了解抢截球的时机与动作方法，较熟练掌握各种脚法的运球，能在有人抢截的情况下控制好球；

（2）发展反应、灵敏与协调素质；

（3）能与同伴合作完成对抗性练习，培养勇敢、果断的意志品质和勇于拼搏的精神。

三、重难点

重点：变速与变向运球的时机，抢截球的时机与方法。

难点：在对抗中根据情况合理运用所学方法控球和抢截球。

四、教学步骤

1. 热身活动

（1）慢跑、变向跑、变速跑。

（2）关节活动操。

（3）游戏："抓鱼"。

练习方法：把学生分为两组，每组若干人，在 15 米×15 米场地内，A 组队员自由运球，B 组队员击掌接力的方法进入场地内破坏运球，每人只能破坏一个球，直到所有人失去控球权，用时少的队伍获胜。

2. 运球过人练习

（1）不同脚法的变向运球过人：先一人单独运球练习，然后两人一组，一人消极防守，一人练习变向运球过人。

（2）不同脚法的变速运球过人：两人一组，一人消极防守，一人练习变速运球过人。

（3）运球急起急停：两人一组，一人消极防守，一人练习运球急停、急起过人。

练习方法：把场地分为3个区域，每个区域限定一种练习内容，每个区域按规定时间轮换练习内容。

3. 抢截球练习

实战应用：运用合理动作将对方控制或传出的球占为己有，实现由守转攻，或使防守队员失去对球的控制。

动作要领：

（1）正面跨步抢球：当运球者脚触球后即将落地或刚刚落地时，抢球者后脚用力蹬地并向前跨步，以脚内侧堵截球。

（2）侧面合理冲撞抢球：当防守者并肩与运球者跑动追球时，重心稍下降，靠近对手一侧的手臂紧贴身体，在对方同侧脚离地时，用肘关节以上部位合理冲撞对手，使其失去平衡，将球控制在自己的脚下。

练习方法：

（1）学生分成两组，一组运球推进，另一组压迫性防守，伺机抢截球。

（2）分组对抗练习。把学生分成若干小组，每组成员分为红黄蓝三队，教师指定一种颜色的队员为防守队进行抢截球，另外两个颜色的队传接控制球，双方争取控球权，练习一段时间后换一种颜色的小组做抢截球练习。

4. 课课练：变速跑

小场地内边线处冲刺跑，端线处慢跑，连续跑若干圈。

第七章　高中足球教学建议与案例

> **本章提要**：本章主要对高中生的生理和心理特点作了概括性介绍，并根据这些特点提出了高中足球教学的若干建议，还分别为每个年级各提供了三份足球教学案例，供体育教师在设计与实施足球教学活动时参考。

高中是基础教育的最高阶段。高中学生身体的生长发育已接近成熟，他们在经历了多年的体育学习和运动经验积累之后，运动能力逐渐提高，已基本具备学习掌握各种复杂运动技战术的基础和能力。了解把握高中学生的生理和心理特点，根据这些特点设计与实施足球教学活动，是提高足球教学质量的重要保证。

第一节　高中生身心特点与足球教学建议

高中学生已进入青年期，身体的生长发育和心理发展渐趋成熟，并且表现出一些有别于小学生和初中生的显著特点。了解高中学生的身心特点，有助于教师合理设计与实施足球教学，取得更好的教学效果。

一、高中生生理特点分析

高中学生处于青春期的第二阶段，生理发育已接近成熟。了解高中学生的生理特点，有助于教师根据高中学生生理特点安排足球学练活动、合理调控运动负荷，有利于更好地发挥足球运动增进学生身体健康的作用（表 7-1-1 至表 7-1-4）。

— 201 —

表 7-1-1 高中生一般生理特点与发展趋势

生理活动	特点	发展趋势
肌肉骨骼	身高增长渐趋放缓,男、女体形开始出现差异。肌肉重量占体重比例明显加大,肌力显著增加。女子15～17岁,男子18～19岁肌力增长最为明显。骨骼的骨化过程接近尾期,身体形态接近成人	高三学生肌肉占体重比例比高一时可增加10%左右,握力能增加10千克以上
血液循环	心脏重量已接近成人,心脏每搏和每分输出量有较大提高,其绝对值显著高于初中阶段,但相对值反而低于初中阶段	高三学生心脏重量比高一时可增加100克左右,每搏量可比高一时增加近20毫升
呼吸功能	最大肺通气量和摄氧量已和成人相近,最大摄氧量的相对值甚至高于成人。肺活量显著提高,绝对值接近成人	体育锻炼可显著提高肺通气功能和最大摄氧能力,增加肺活量
神经控制	脑平均重量、体积、脑电波与成人几乎没有差别。大脑机能显著增强,兴奋与抑制过程逐步平衡。第二信号系统的作用明显增强。动作发展水平已经可从事几乎任何运动项目	第二信号系统发展已达相当水平,动作协调性和精细程度逐渐提高完善
身体素质	男生力量素质增长明显,耐力素质接近最高水平,灵敏素质接近成人。女生的力量素质16岁时接近最大值,耐力素质趋于稳定,柔韧素质好于男生	高三时各项素质的增长已接近最大值。女生增长速度缓慢。体育锻炼可使各项身体素质继续增长。

引自:中小学校园足球教师用书.北京:人民教育出版社,2016

表 7-1-2　高中生身高、体重、胸围、肺活量增长情况

年龄(岁)	身高(厘米)		体重(千克)		胸围(厘米)		肺活量(毫升)	
	男	女	男	女	男	女	男	女
15	168.7	158.5	57.2	50.1	80.8	78.1	3164	2207
16	170.5	159.0	59.2	51.1	82.3	79.1	3413	2301
17	171.3	159.2	60.9	51.7	83.7	79.7	3554	2332
18	171.4	159.1	61.4	51.6	84.3	80.0	3601	2352

引自:中国学生体质与健康调研报告.2010

表 7-1-3　高中生最大肺通气量与最大摄氧量与成人的比较

年龄(岁)	最大肺通气量		最大摄氧量	
	绝对值(L/min)	相对值(L/kg/min)	绝对值(L/min)	相对值(mL/kg/min)
14～15	62～67	1.90	1.8～2.3	38～51
16～18	70～100	1.80	2.0～3.0	37～53
成人	70～120	1.90	2.0～3.0	36～50

引自:邓树勋等.运动生理学.北京:高等教育出版社,2005

在儿童少年体能素质的增长过程中,有一段时间某种体能增长速度特别快,这段时间被称为体能素质的快速增长期或敏感期。在体能发展的敏感期进行有针对性的锻炼,可取得更好的锻炼效果。不同学者对体能发展敏感期的研究结果存在差异,下表内容仅供参考(表 7-1-4)。

表 7-1-4　儿童少年体能增长敏感期

体能	敏感期(岁)	体能	敏感期(岁)	体能	敏感期(岁)
绝对力量	10～13	动作速度	7～9	平衡能力	6～8
相对力量	14～17	最高速度	7～12	模仿能力	7～12
速度力量	7～13	短时耐力	10～15	协调性	10～12
反应速度	7～11	长时耐力	14～16	灵敏性	10～12

引自:潘绍伟,于可红.学校体育学.北京:高等教育出版社,2005

二、高中生心理特点分析

高中学生的心理活动渐趋成熟,其心理活动特点与学练足球运动有着密切的

关系。了解高中学生的心理特点,有助于提高足球教学活动的科学性与合理性,促进高中学生足球技战术水平的不断提高(表7-1-5)。

表7-1-5 高中生一般心理特点与发展趋势

心理活动	特点	发展趋势
认知思维	感知能力接近成人,观察水平不断提高,已能透过表面现象分析事物的本质。抽象逻辑思维能力有较大发展,思维的独立性、批判性、深刻性显著提高	观察能力、独立思考和解决问题的能力随年龄的增长而不断提高
注意	注意品质有较好发展,注意力稳定并具有目的性,有意注意在学习、生活中发挥着重要作用。注意的广度和分配达到一般成人水平,能根据学习目的、要求及时而又迅速地转移注意力	注意品质随年龄增长不断改善,注意的广度和分配能力在集体性球类活动中可得到不断发展
兴趣	兴趣更加广泛并能稳定在某个方面,但出于升学压力会"忍痛割爱"。开始把兴趣与职业理想联系起来,稳定的间接兴趣开始占主导地位	随着年龄的增长,兴趣渐趋稳定。运动兴趣的性别差异日益明显
意志	意志行动的独立性增强。能按照教练布置的比赛任务和意图独立行动。勇敢、果断、坚毅、自制等意志品质有较大发展,能较好地完成既定任务,良好的意志品质逐渐形成	对积极的意志行为(勇敢、果断等)和消极行为(鲁莽、草率等)的区分辨别能力随着年龄的增长而不断提高
情绪情感	情绪的两极性、深刻性比初中阶段更为突出,对比赛结果会产生深刻的情绪体验。情绪的内隐性和闭锁性加强,自我调控能力提高,很少出现急剧的表情变化,出现心境状态,某种情绪体验可以保持很久。巨大的学习和升学压力常导致发生心理问题	社会性情感不断深化发展,自我调控情绪的能力随着年龄的增长不断提高

引自:中小学校园足球教师用书.北京:人民教育出版社,2016

高中学生已表现出明显的气质类型特点。了解学生的气质类型及其表现特点,有助于教师在足球教学中区别对待、因材施教。关于不同气质类型与体育运动表现特点的关系,请参看"初中足球教学建议与案例"一章中的相关内容。

三、高中生足球教学建议

根据高中生身心特点,在高中阶段的足球学练过程中,教师应注意以下几点:

1. 逐步提高足球教学要求

高中学生的身体发育和各种生理机能指标已接近成年人水平,已具备承受较大强度的运动负荷和掌握较复杂的运动技能的能力。所以,在足球的学习上,教师应对学生提出更高的学练标准和要求,促进学生足球技战术水平的不断提高。

根据高中学生的动作发展水平,教师可以安排学练各种有难度的、较复杂的足球技术动作,可以强调、改进和完善足球动作技术的细节,还可以向学生展示介绍一些球星的过人技术,让他们模仿练习并在比赛中运用,以进一步激发学生的练习兴趣和求知欲望,促使学生足球运动技能水平的进一步提高。

2. 根据学生现状设计与实施足球教学

初中阶段校园足球发展的不均衡,可能会造成高中生足球运动基础存在非常大的差异。对于那些足球运动仍处于零起点的学生,体育教师应该区别对待,从熟悉球性和最基本的技术开始学练,但教学的进度可以适当加快,可以采用学生同伴之间互帮互学的方法组织足球教学活动。这样既能够促进足球基础差的学生取得较快进步,又可使那些足球基础较好的学生得到锻炼和提高的机会。

3. 合理安排运动负荷

教师应根据高中学生生理特点安排适宜的运动负荷,逐渐加大足球课上的运动量和负荷强度。应结合技战术学习和利用课课练时间,适量安排足球专项体能素质练习,如各种姿势、看信号快速起动的冲刺跑、三点移动、折返跑、变向跑、高强度短间歇的短距离跑,各种跨跳练习等,以全面发展和有效增强学生的力量、速度、耐力、灵敏等体能素质。

4. 在小场地比赛基础上体验 11 人赛制

小场地 8 对 8 或 9 对 9 的比赛对于提高学生操控和处理球的能力,增加学生触球机会、进门次数,仍然是十分必要和非常重要的练习方式。在平常的足球课上,5 对 5、8 对 8 或 9 对 9 的小场地比赛仍是不可或缺的重要形式。在小场地足球比赛的基础上,可以适当组织一些大场地的 11 人制比赛,使学生体验正式足球比

赛的魅力。

5. 全面发展体能素质

由于足球运动时下肢的运用较多,上肢力量的发展可能会被忽视。教师应结合实际情况,适当安排发展上肢力量的练习,如引体向上、俯卧撑、推小车游戏等,以促进学生体能素质和达标成绩的全面提高。

6. 根据学生选项提出不同的学习要求

高中体育课改提倡按学生运动兴趣选项分班教学。对于实行按运动专项分班教学的学校,足球专项班的学生有更多参与足球运动的机会和时间,有更扎实的足球运动基础,因此他们足球学习的进度和难度应高于非专项班。教师应精心设计足球专项班的学习内容、进度,提出更高的学习目标、要求,组织学生参加更多的足球比赛活动,不断提高他们的足球技战术水平,使足球专项班的学生成为开展校园足球活动的中坚力量。

7. 激发学生的运动兴趣,鼓励学生的创造性行为

足球课学习内容的安排不能过于简单化和儿童化,但在提高运动技术难度的同时,还要坚持学练内容与形式的趣味性和多样性,注意激发学生的运动兴趣,因为高中生毕竟不是成年人。足球课上要多安排小场地比赛或对抗性游戏,使学生在攻防对抗的实战中提高运用足球运动技能的能力,保持对足球运动的兴趣。

教师应鼓励学生创造性地运用所学动作技能,支持他们表现出的任何有创意的技术动作或技术运用方法,鼓励他们大胆运用他们自己最拿手的过人方法或其他足球技能。对学生在比赛或练习中表现出的任何有价值、有意义的积极性行为都持欣赏和鼓励态度。这对增强学生自信心,激发学生的运动兴趣将会起到积极作用。

8. 注重培养学生对抗条件下运用技能的能力

比赛条件下的足球动作技能是一种开放性技能,即动作的操作对外部环境具有较强的依赖性。足球运动技能的实战水平主要取决于学生的瞬时决断能力,即判断对手或同伴意图,迅速作出决断、做出相应动作,并对动作的姿势、方向、路线、幅度等要素作出灵活调整的能力。教师要特别注重运用游戏、比赛和对抗性练习的手段提高学生运用运动技能的能力,不断提高学生瞬时决断的敏捷性。教师在设计足球的练习活动时也要充分考虑到足球技能的对抗性和开放性特征,注重创设必要的攻防对抗练习情景,提高学生在比赛环境中判断—移动—操作的敏捷性,使学生学会在对抗条件下调整动作方法、合理运用动作的技能,使高中学生基本具备足球比赛能力,而不是只学会几个踢球的动作。

9. 加强对学生战术思维能力的培养

高中学生抽象思维能力已有较大的发展。教师在教学中应适当增加对足球运动技战术的讲解与分析,培养学生独立思考能力和战术思维能力,提高他们对足球运动和足球技战术的理性认识。对那些不善思考、只知道猛冲猛打的学生,更要注意培养他们思考问题的习惯和战术意识。可多进行各种形式的二过一战术配合练习,以提高学生的足球战术意识和相互协作能力。

10. 注重培养学生意志品质和自我调控能力

教师要注重在足球运动实践中磨炼学生勇敢、坚毅、果断等意志品质,提高学生在比赛中自我控制情绪和行为的能力。要教育学生正确认识勇敢和鲁莽、果断和草率、对抗和报复、友善和胆怯的区别,使他们在比赛中学会控制情绪冲动,杜绝有意报复行为和其他不良行为,尊重对手和裁判,养成良好的足球行为规范,形成积极进取、挑战自我、追求卓越的体育精神。

教师可结合具体学习内容和运动情景,向学生介绍一些自我医务监督的常识与方法,帮助他们在运动之后根据心率变化、肌肉感觉、睡眠情况等了解和把握自己的运动负荷是否适宜,以提高他们在体育锻炼中的自我监控和调节能力。

11. 帮助学生认识和处理好踢球与学习的关系

高中阶段学习任务繁重,升学压力巨大。教师应帮助学生正确认识踢球和学习的关系,使学生明白参与运动是一种积极性休息,可以提高学习效率、减轻学习压力、调适不良心情的道理。要帮助学生处理好踢球和学习的时间冲突,合理安排踢球的时间,做到踢球和学习两不耽误。

12. 根据学生个性特点开展足球教学

教师应根据学生的气质类型倾向及其表现特点,有区别地教育学生和组织教学活动。如对多血质为主的学生应着重培养他们认真、细心、刻苦、坚毅的良好品质,不断向他们提出新的更高的学习要求,促使他们不断发展提高;对胆汁质为主的学生应注意控制他们的兴奋点,提高他们在比赛和对抗性活动中的自控能力,发现有过激行为时要及时制止和批评,应尽量避免把两个胆汁质的学生安排在一起做对抗性练习,以减少发生冲突的可能性;对黏液质为主的学生应注重激发他们的运动兴趣,提高他们足球学习的积极性和主动性,促使他们积极参与集体活动;对抑郁质为主的学生应加强培养他们勇敢、果断的意志品质,耐心指导,多给予表扬,哪怕是很微小的进步也要给予鼓励,促使他们树立学习信心。

 高中足球教学案例

本节根据《教学指南》提供的各学段足球学习内容体系,为每个年级各选择了三项学习内容,并设计了简明的教学方案,供教师在足球教学中参考使用。每个教学方案仅简要描述了该课时的学习目标和教学步骤,并非完整的课时教学计划。教师在借鉴使用这些案例时,应按照制订课时教学计划的要求,进一步细化各项内容和教学要求,使之形成完整的课时教学计划。教师在制订课时教学计划时,应当根据本校学生的足球实际水平,对各项学习目标和教学步骤的内容加以调整、添加或删减,因校制宜地设计与实施足球教学活动,以获得更好的教学效果。

如果你们学校的学生在足球运动方面没有初中阶段的学习基础,甚至在足球方面属于零起点水平,教师可以参考初中阶段的教学案例,并根据本校学生的足球运动基础,灵活设计并实施足球教学活动。

案例一

高中一年级

一、学习内容

比赛情景下运球变向、变速、转身。

二、学习目标

（1）能在对抗条件下合理运用变向、变速、转身技术突破对手；

（2）增强心肺和肌肉耐力，发展协调、反应、敏捷、速度等能力；

（3）提高对足球运动的兴趣，培养团队协作的拼搏精神。

三、重难点

重点：对球的控制。

难点：脚触球的部位、力量，身体随球的移动。

四、教学步骤

1. 热身活动

(1)运球慢跑；(2)徒手操；(3)原地牵拉。

2. 游戏："贴烧饼"

练习方法：学生每2人一组，沿圆圈站立（两人一前一后，面向圆心）。选出两个人分别做追者和逃者。游戏开始后，追者在圈内外追拍逃者，拍到逃者时，则两人调换角色继续进行。逃者可根据情况灵活地贴近任何一组学生的身前并大声喊"贴"，这时本组最后一名同学要迅速跑开成为新的逃者。

3. 比赛情景下运球变向、变速、转身练习和小范围内综合运球练习

练习方法：所有队员围绕中圈（半径为9～10米）运球慢跑，听教师发出的指令后，快速变向加速跑到对面的中圈线上，或跑到中点后转身回到中圈线上。

练习要求：跑动中不允许用除脚以外身体部分接触球，违反者罚做俯卧撑2个。

练习要点：2人一组，一攻一守，运用变向、变速、转身等方法运球突破，然后交换角色练习。

4. 比赛：8对8对抗赛

在60米×60米的范围内，8人一组，进行分组对抗赛。

5. 课课练

（1）折返跑接力比赛：将队员分成2组，进行运球折返跑接力比赛，每10米放

置一个标志盘,共放置 3 个,起跑触及标志盘后返回起点。

(2)一分钟立卧撑。

案例二

高中一年级

一、学习内容

比赛情景下的综合传球、接球。

二、学习目标

(1)能在对抗条件下完成各种传接球,成功率达 50% 以上;

(2)增强心肺和肌肉耐力,提高协调、反应、敏捷、速度等能力;

(3)培养相互协作的意识和能力。

三、重难点

传球的时机和准确性。

四、教学步骤

1. 热身活动

(1)运球慢跑;(2)徒手操;(3)原地牵拉。

2. 游戏:"声东击西"

练习方法:分人数相等的 4 组,各组的同学分别去中圈拿别组圈内的球,然后传给自己圈中接应的队员,在规定的时间内比较哪一组的球多。

练习要求:接应队员必须在圈内,球出圈无效。相互之间不能有身体接触,不能拦截传球。

3. 比赛情景下的综合传球练习:小范围传球、接球练习

练习方法一:队员 3 人一组,3 人间相互传球,3 人站在一条直线上,A、C 两名队员相距 20 米,A 队员将球短传给 B 队员,B 队员接球后短传给 A 队员,A 队员接球后传给 C 队员,C 队员接球后短传给 B 队员,B 队员接球后短传给 C 队员,C 队

员长传给 A 队员,10 次传球后互换位置。

练习方法二:在 60 米×50 米的范围内,将队员分为 5～7 人一组,一组进行传接球,一组进行防守,在规定的范围内用任意传接球技术自由传接球配合,5 分钟后互换角色。

4. 教学比赛:8 对 8 多门比赛

在 60 米×50 米的范围内进行分组对抗练习,在场地四周各设 2 米×3 米小球门一个,每队两个球门,对方射入本方任意球门均可得分。在规定时间内得分多的队伍获胜。

5. 课课练

(1) 快速仰卧起坐 20 个。

(2) 对角线变速跑:一路纵队在长方形场地的对角线处快跑,在端线处慢跑,连续跑若干圈。

案例三

高中一年级

一、学习内容

1 对 2 个人防守、小场地比赛。

二、学习目标

(1) 了解并初步掌握 1 对 2 个人防守的动作方法及要求;

(2) 提高身体灵敏性和攻防对抗能力;

(3) 能与同伴合作完成老师布置的练习,提高对足球运动的兴趣。

三、重难点

防守的选位与盯人方法。

四、教学步骤

1. 热身活动

(1)围绕足球场半场慢跑 2 圈;(2)行进操;(3)原地牵拉。

2. 游戏:"推人出圈"

练习方法:在足球场半场内画若干个直径 2～3 米的圆圈,每个圆圈内站两名学生,教练发出口令以后,两人互相用肩膀撞击对方,将对方撞出圈外者为胜。

3. 示范讲解 1 对 2 防守技术方法

(1) 选位盯人:注意对方队员的位置,站在进攻队员的内侧防守。

(2) 干扰对方:干扰对方踢球队员,丢球后在丢球点选择立即回追。

(3) 采取压迫防守,运用抢截球方法夺回控球权。选择合适的时机上抢,在规则允许的条件下,用身体某一部分将进攻队员控制的球直接争夺过来或使球脱离对方控制。

4. 学生练习

练习方法一:2 人一组,在 10 米×20 米的范围内慢速攻防演练,熟练后加快攻防节奏。

练习方法二:3 人一组,在 10 米×20 米的范围内进行攻防演练,2 人进攻,1 人防守。

5. 教学比赛

把队员分成 3 队,每队 8 人,其中两队在 30 米×50 米的场地内进行比赛。另一队出 4 名当裁判,其他人员观摩学习。在下一节比赛时进行角色轮换。

6. 课课练

折返跑:每 5 米放置一个标志盘,共放置 4 个,起跑后触及第一个标志盘后返回起点,然后再折返跑至第二个标志盘返回,以此类推,直到跑完所有标志盘,可做 2 轮或 3 轮。

案例四

高中二年级

一、学习内容

比赛情景下接球、运球过人后射门。

二、学习目标

(1) 70%左右的学生能正确运用所学技术完成运球射门,并能将球打在门框范围内;

(2) 增强心肺和肌肉耐力,提高协调、反应、敏捷、速度等能力;

(3) 能克服困难,认真完成各种练习,增强自信心。

三、重难点

重点:合理的接球方法。

难点:接球和过人后射门的连贯性。

四、教学步骤

1. 热身活动

(1)运球慢跑;(2)徒手操;(3)原地牵拉。

2. 游戏:蒙眼踢球

练习方法:队员两人一组,在场地上放置一个足球,在距足球6米远的地方画一横线,游戏者背对足球站在横线上。游戏开始用毛巾把眼睛蒙上,一人指挥,先完成射门的同学获胜。

3. 1对1过人射门练习

练习方法:所有队员站在罚球弧外,一名队员先做防守,进攻队员将球传给防守队员,防守队员将球回传给进攻队员后开始防守,进攻队员接到球后合理运用技术过人并射门,完成射门后进攻队员变防守队员,防守队员拾球后到队尾变进攻队员。

练习要求:进攻队员成功完成过人射门并打在门框范围内,防守队员做俯卧撑

2个;防守队员将球断下或射门未打在门框范围内,进攻队员做俯卧撑2个。

4. 教学比赛:8对8对抗赛

在60米×50米的场地内进行分组对抗比赛,在比赛中合理运用运球过人技术。

5. 课课练

(1) 全体做俯卧撑1分钟。

(2) 折返跑:每5米放置一个标志盘,共放置6个,起跑后触及标志盘后返回起点,完成2轮或3轮。

案例五

高中二年级

一、学习内容

后卫防守位置技术、小场地比赛。

二、学习目标

(1) 认识后卫防守位置选择的重要性,80%左右的学生能基本掌握后卫防守的方法并在比赛中运用;

(2) 发展身体灵敏性,提高攻防对抗能力;

(3) 通过游戏和比赛活动,培养团结一致、密切配合的团队意识。

三、重难点

重点:防守位置的选择。

难点:队员之间的协防。

四、教学步骤

1. 热身活动

(1)围绕足球场半场慢跑两圈;(2)行进操;(3)原地牵拉。

2. 游戏:"连连看"

练习方法：在场地上放 9 个标志桶，每排放 3 个，共放 3 排（距离相等）；学生分 2 组，在起跑线后依次前后站立。听到"开始"的口令后，学生从起点出发，使用相同颜色的标志盘套住前方摆放的标志桶后迅速返回与下一名队员接力。双方可互相封堵路线和挪换本方标志盘，首先把标志盘连成一条线（直线、横线、斜线）的队获胜。

3. 讲解、示范后卫防守位置技术

（1）通常边后位线不能比中后位线更靠后，否则容易导致越位失败。

（2）进攻队攻势集中在一侧时，另一侧要有意识地向中间收缩，注意补位协防。

（3）对方多人进攻时，站位原则不变，把对方前后两人都放在自己的外线。

（4）后卫防守卡位，做到球过人不过，人过球不过。后卫的第一任务是破坏对方进攻，当形势不好时可将球破坏出界。

4. 攻防演练

学生分两组在足球场半场内利用所学技术进行攻防演练，一组进攻，一组防守，防守队员重点体会后卫的防守位置及方法，然后两组交换攻防角色。

5. 教学比赛：8 对 8 对抗赛

把队员分成 3 队，每队 8 人，其中两队在 30 米×50 米的场地内进行比赛，第三队出 4 名队员当裁判，其他人员观摩学习，在下一节比赛进行角色轮换。

6. 课课练：腰腹力量练习

一分钟仰卧起坐，一分钟俯卧挺身，每组不少于 30 个。两人一组，一人练习，一人数数，交替练习。

案例六

高中二年级

一、学习内容

前锋、前卫边路协同进攻，小场地比赛。

二、学习目标

（1）对足球二过一技术有进一步的了解，能在比赛中运用踢墙式二过一配合

且有一定的成功率；

(2) 提高奔跑能力和判断的准确性,发展身体的灵敏性；

(3) 培养协作意识、互助精神和顽强拼搏的意志品质。

三、重难点

重点:进攻站位的选择。

难点:队员之间的默契协作。

四、教学步骤

1. 热身活动

(1)围绕足球场半场慢跑两圈；(2)行进间徒手操；(3)原地牵拉。

2. 游戏:"报号接球"

练习方法:所有队员围成一个圆依次报数,记住自己所报的数字。选取其中一人将球抛向空中,同时喊出一个数字,被喊到数字的人接球,接到球后可随时喊"停",其他队员在未听到喊"停"时可随意移动,听到"停"的口令时停止移动。接球队员用球来触及其他队员身体方可获胜。

练习要求：

(1) 抛球者必须将球抛过头顶1米以上；

(2) 抛球者须用球触及其他队员腰部以下部位。

3. 讲解示范"撞墙式"二过一进攻配合技术

在20米×30米的场地内,3人进行演练,其中2人互相配合进攻,1人带球吸引防守队员。当把防守队员吸引到距离自己2~3米处时,采用一脚传地滚球的技术将球传给接应做"墙"的同伴,传球后立即快速插上,与持球者成三角形位置,并侧对进攻方向,以利于观察传球的路线,准备接球进攻。

4. 近路协同进攻演练

足球场半场内学生利用所学技术进行边路协同进攻演练。

5. 小场地比赛:8对8对抗赛

把队员分成3队,每队8人,其中两队在30米×50米的场地内进行比赛,另一队轮流担任裁判。下一节比赛进行角色轮换。

6. 课课练:20 米背人接力

学生分 2 组,每组 10 人,相距 20 米。听到"预备"口令时,一人将另一人背起,见教练员手势后起跑,跑过对面的标志线后交换背人返回。

案例七

高中三年级

一、学习内容

比赛情景下运球变向、变速、转身及运球过人。

二、学习目标

(1)能把握运球变向的速度和变向一瞬间的提速以及转身之后迅速过人的衔接技术,在 1 对 1 实战中能合理运用运球变向和转身过人技术;

(2)发展身体的协调性和动作准确性;

(3)增强竞争意识,培养勇敢、果断、坚毅的意志品质。

三、重难点

重点:脚背正面运球变向、变速时的节奏变化,瞬间的加速。

难点:脚对球的掌控能力。

四、教学步骤

1. 热身活动

围着足球场半场跑两圈,行进间足球操活动。

2. 游戏:"蚂蚁搬家"

练习方法:学生分成 6 组,围成一个圆圈,在中间放着 20 个足球。比赛开始后,三组队员手拉手去中间把球运回到自己的位置(一次只能运一个),最后比赛结束的时候,哪组队员的球数量最多哪组获胜。

动作要领:示范直线运球变向、变速的技术动作要领,强调变向或者变速时运球速度的提升,注意运球时的节奏感。

4. 学生运球练习

练习方法：每个小组学生，前后两人相互配合，后面的同学进行运球变向、变速的训练，前面的同学消极防守，练习防守步法。球运到半场之后返回。前面的同学进行运球变向、变速训练，后面的同学防守。依次进行，每组同学练习6次后结束。

练习要求：运球变向和提速一定要快，注意节奏变化。

5. 小场地比赛

在30米×40米的场地中，进行足球比赛。进攻方利用运球、传球，配合攻入对方禁区内再进行射门。进攻方只能进入禁区后完成射门，防守方不能进入禁区。

6. 课课练：25米运球往返跑

在20米×30米的场地内，摆放两组标志桶（共12个），每个标志桶相距5米。练习队员从第一个标志桶运球出发，依次绕过前方5个标志桶并返回。每名队员练习4次结束。

案例八

高中三年级

一、学习内容

后卫位置的抢点解围、小场地比赛。

二、学习目标

（1）掌握后卫的站位方式和有效的后场球处理方法，开阔防守视野；

（2）提高观察能力和身体对抗能力；

（3）培养团结一致、相互协作的精神和能力。

三、重难点

重点：后卫的站位方式、后场处理球方法。

难点：后卫之间的相互配合、技术动作的合理性。

四、教学步骤

1. 热身活动

围着足球场半场跑两圈，行进间进行足球操练习。

2. 游戏:"溜猴"

练习方法:10人为一组,站成圆形,一人站在中间抢球,外周的学生用手进行传球。传球时双脚不能动,接传球者必须弯腰进行,站在中间的一个人去抢球。球被碰到后,最后传球的那个人站在中间继续抢球。

3. 后卫位置的抢点解围练习

练习方法:在40米×30米的场地进行练习,防守队员5名(含守门员1名),进攻队员4名。进攻队员从场地外10米处传球,并抢点攻门。防守队员进行人盯人防守,并派出一名防守队员主要负责抢点解围。每组练习5分钟,练习结束后,除守门员外,攻防双方交换练习角色。

练习要求:进攻队员在前点、中点、后点分开站位,防守队员站到进攻队员的身后,并且紧贴着进攻队员。

4. 小场地比赛

在11人制足球场半场内进行8对8比赛,进攻方头球射门得2分,其他方式进球得1分,防守方获得控球权并将球传入中圈得1分。

5. 课课练:腰腹力量练习

所有学生进行1分钟平板支撑练习,共完成3次。

案例九

高中三年级

一、学习内容

1对1快速运球过人后射门。

二、学习目标

(1)能做出连贯、协调的射门动作,在1对1对抗中能够找到合理的射门时机与射门角度;

(2)发展身体协调性、灵敏性和动作的准确性;

(3)培养竞争意识和勇敢、顽强、果断的意志品质。

三、重难点

重点:接球位置、射门时机。

难点:射门动作的连贯性和协调性。

四、教学步骤

1. 热身活动

围着足球场半场跑两圈,行进间进行足球操练习。

2. 小游戏:"通过封锁线"

练习方法:将全班分成两队,一队运球进攻,一队防守。开始前各队站在本方场区线外,在两队中间有一块封锁区,听到开始口令后,进攻一方迅速运球通过封锁区,防守一方迅速跑到封锁区内进行阻截。进攻一方运球通过封锁区,一个人得1分,依次累加。练习一段时间后,两组交换攻防角色。

3. 变向运球练习

练习方法:在20米×10米的足球场地中,把学生分为4组,每2组成员相对站立,在距离中间10米处放置一个标志桶。练习开始之后学生同时开始运球,在快到达标志桶的时候进行统一向右前方变向,变向之后运动到对面成员的最后一个位置。

4. 对抗射门练习

练习方法:在40米×20米的足球场地中,将学生分为两组并让他们相对站立,一方为进攻方,一方为防守方。双方进行1对1的实战对抗练习,进攻方的学生先无球跑动。待进攻方的学生甩开防守人之后,教师给学生传球。进攻方接球之后,利用变向甩开防守人进行射门。

练习要求:进攻方要尽快地甩开防守人接球,然后快速进行变向射门。

5. 小场地比赛

在30米×40米的场地中,进行足球比赛。进攻方利用运球、传球配合攻入对方禁区内进行射门,进攻方只能进入禁区后射门,防守方不能进入禁区。

6. 课课练:腰腹力量练习

1分钟平板支撑、1分钟仰卧两头起、1分钟俯卧挺身。

附:《全国青少年校园足球教学指南(试行)》(节选)

一、校园足球教学基本要求

(一)小学阶段

表1 小学一年级校园足球教学基本要求(以40课时为例)

学习目标	学习内容		课时(%)	教学要点
	类别	内容		
1. 参与足球游戏和比赛,培养球感 2. 体验足球活动的乐趣	游戏比赛	足球游戏、足球比赛	16(40)	1. 以游戏法为主要教学方法 2. 以比赛培养学生对足球的兴趣
	球感	踩球、拉球、拨球、跨球	8(20)	
	技术	脚背外侧运球	4(10)	
		脚内侧踢球、接球	8(20)	
	知识	足球故事	4(10)	
	身体素质	柔韧性、灵敏性、协调性、反应能力	——	

表2 小学二年级校园足球教学基本要求(以40课时为例)

学习目标	学习内容		课时(%)	教学要点
	类别	内容		
1. 学习运球、踢球、接球等基本技术动作,培养球感 2. 体验足球活动的乐趣	游戏比赛	足球游戏、足球比赛	16(40)	1. 以游戏法为主要教学方法 2. 以比赛培养学生对足球的兴趣
	球感	踩球、拉球、拨球、扣球、跨球	8(20)	
	技术	脚内侧、脚背正面运球	6(15)	
		脚内侧踢球、接球、脚底接球	6(15)	
	知识	足球基础知识	4(10)	
	身体素质	柔韧性、灵敏性、协调性、反应能力	——	

表 3　小学三年级校园足球教学基本要求（以 40 课时为例）

学习目标	学习内容		课时（%）	教学要点
	类别	内容		
1. 乐于学习和展示简单的足球动作 2. 初步掌握简单的足球组合技术 3. 培养相互配合的合作意识	游戏比赛	足球游戏、足球比赛	12(30)	1. 游戏法与比赛法相结合 2. 注重学生球感的培养 3. 注重学生技术运用的合理性
	球感	踩球、拉球、拨球、扣球、跨球、挑球、颠球	4(10)	
	技术	脚内侧、脚背正面、脚背外侧运球	4(10)	
		脚背内侧踢球	6(15)	
		运球、传球、接球组合	6(15)	
	战术	二过一	4(10)	
	知识	足球比赛方法	4(10)	
	身体素质	柔韧性、灵敏性、协调性、平衡能力	——	

表 4　小学四年级校园足球教学基本要求（以 40 课时为例）

学习目标	学习内容		课时（%）	教学要点
	类别	内容		
1. 乐于学习和展示简单的足球动作 2. 发展运球、踢球、接球等基本组合技术能力以及基础战术意识 3. 培养合作意识和规则意识	游戏比赛	足球游戏、足球比赛	12(30)	1. 游戏法与比赛法相结合 2. 注重学生技术运用的合理性 3. 注重学生基础战术意识的培养
	球感	踩球、拉球、拨球、扣球、跨球、挑球、颠球	4(10)	
	技术	运球过人	4(10)	
		脚背正面射门	6(15)	
		正面、侧面抢截球	2(5)	
		传、接、运球以及射门组合	4(10)	
	战术	二过一	4(10)	
	知识	足球竞赛规则	4(10)	
	身体素质	柔韧性、灵敏性、协调性、平衡能力	——	

表5 小学五年级校园足球教学基本要求（以40课时为例）

学习目标	学习内容		课时（%）	教学要点
	类别	内容		
1.主动参与足球学习 2.逐步提高组合技术能力以及与同伴的协作能力 3.强化规则意识，学会调节情绪的方法	球感	踩球、拉球、拨球、扣球、跨球、挑球、颠球	4（10）	1.注重学生左右脚的协调发展 2.注重学生局部攻防意识的培养 3.注重小场地比赛的运用
	技术	脚背内侧踢空中球	4（10）	
	技术	脚底、脚内侧接反弹球、大腿接球	4（10）	
	技术	传球、接球、运球、射门组合	4（10）	
	战术	2vs1、3vs1 等攻防	8（20）	
	比赛	小场地比赛	12（30）	
	知识	运动饮食、营养与卫生	4（10）	
	身体素质	灵敏性、协调性、平衡能力、速度素质	——	

表6 小学六年级校园足球教学基本要求（以40课时为例）

学习目标	学习内容		课时（%）	教学要点
	类　别	内容		
1.主动参与足球学习 2.进一步提高学生在比赛中技战术的运用能力 3.强化规则意识，学会调节情绪的方法	球感	踩球、拉球、拨球、扣球、跨球、挑球、颠球	4（10）	1.注重学生左右脚的协调发展 2.注重学生攻防意识的培养 3.注重小场地比赛的运用
	技术	脚背接空中球、胸部接球	4（10）	
	技术	前额正面头顶球	4（10）	
	技术	传球、接球、运球、射门组合	4（10）	
	战术	3vs2、3vs3 等攻防	8（20）	
	比赛	小场地比赛	12（30）	
	知识	伤害预防、自我保护	4（10）	
	身体素质	灵敏性、协调性、平衡能力、速度素质	——	

(二) 初中阶段

表 7　初中一年级校园足球教学基本要求（以 40 课时为例）

学习目标	学习内容		课时（%）	教学要点
	类别	主要内容		
1. 积极参与足球活动 2. 发展组合技术能力，掌握基础战术方法 3. 通过足球活动树立自尊和自信	球感	活动中的综合球感	2(5)	1. 注重培养学生在活动中的技术能力 2. 注重培养学生的战术协作能力
	技术	运球及运球过人	4(10)	
		活动中的踢、接地滚球、空中球、反弹球	4(10)	
		结合射门的组合技术	6(15)	
	战术	1vs1、2vs2、3vs3 等攻防	6(15)	
		角球、任意球攻防	2(5)	
	比赛	小场地比赛	12(30)	
	理论知识	足球理论概述	4(10)	
	身体素质	速度素质、耐力素质	——	

表 8　初中二年级校园足球教学基本要求（以 40 课时为例）

学习目标	学习内容		课时（%）	教学要点
	类别	主要内容		
1. 积极参与足球活动 2. 提高组合技术能力和战术运用能力 3. 培养顽强拼搏的精神，树立自尊和自信	球感	活动中的综合球感	2(5)	1. 注重培养学生在活动中的技术能力 2 注重培养学生的战术协作能力
	技术	运球及运球过人	4(10)	
		活动中的踢、接地滚球、空中球、反弹球	4(10)	
		结合射门的组合技术	6(15)	
	战术	1vs1、2vs2、3vs3 等攻防	6(15)	
		角球、任意球攻防	2(5)	
	比赛	小场地比赛	12(30)	
	理论知识	足球文化及足球规则介绍	4(10)	
	身体素质	速度素质、耐力素质	——	

表 9　初中三年级校园足球教学基本要求（以 40 课时为例）

学习目标	学习内容		课时（%）	教学要点
	类别	主要内容		
1.积极参与足球活动 2.强化在对抗中技术组合和战术配合的灵活运用能力 3.培养顽强拼搏的精神，树立自尊和自信	球感	活动中的综合球感	2(5)	1.注重培养学生在活动中的技术能力 2.注重培养学生的战术协作能力
	技术	对抗中的运球过人技术综合运用	4(10)	
		对抗中多部位踢接球的灵活运用	4(10)	
		结合射门的组合技术	6(15)	
	战术	1vs1、2vs2、3vs3等攻防	6(15)	
		角球、任意球攻防	2(5)	
	比赛	小场地或全场比赛	12(30)	
	理论知识	技战术原理及足球裁判法	4(10)	
	身体素质	速度素质、耐力素质	——	

（三）高中阶段

表 10　高中一年级校园足球教学基本要求（以 40 课时为例）

学习目标	学习内容		课时（%）	教学要点
	类别	主要内容		
1.通过足球养成良好的体育锻炼的习惯 2.发展学生对抗中技战术的综合运用能力 3.在足球活动中表现出良好的体育道德和合作精神	技术	对抗中的综合运控球	6(15)	1.注重培养学生的位置技术 2.注重培养学生的团队合作意识 3.注重培养学生对抗中技战术的综合运用能力
		对抗中的综合踢球、接球及射门等	8(20)	
	战术	定位球攻防	2(5)	
		局部攻防	6(15)	
	比赛	小场地或全场比赛	14(35)	
	理论与实践	整体攻防战术、比赛分析	4(10)	
	身体素质	力量素质、耐力素质	——	

表 11　高中二年级校园足球教学基本要求（以 40 课时为例）

学习目标	学习内容		课时（%）	教学要点
	类别	主要内容		
1.通过足球养成良好的体育锻炼的习惯 2.提高学生对抗中技战术的综合运用能力 3.在足球活动中表现出良好的进取和合作精神	技术	对抗中的综合运控球	6（15）	1.注重培养学生的位置技术与技能 2.注重培养学生的团队合作意识 4.注重培养学生对抗中技战术的综合运用能力
		对抗中的综合踢球、接球及射门等	8（20）	
	战术	定位球攻防	2（5）	
		局部攻防	6（15）	
	比赛	小场地或全场比赛	14（35）	
	理论与实践	整体攻防战术、比赛分析	4（10）	
	身体素质	力量素质、耐力素质	——	

表 12　高中三年级校园足球教学基本要求（以 40 课时为例）

学习目标	学习内容		课时（%）	教学要点
	类别	主要内容		
1.通过足球养成良好的体育锻炼的习惯 2.强化学生对抗中技战术的综合运用能力 3.在足球活动中表现出良好的进取和合作精神	技术	对抗中的综合运控球	6（15）	1.注重培养学生的位置技能与个人特长 2.注重培养学生的团队合作意识 3.注重以各种形式的对抗强化学生技战术综合运用能力
		对抗中的综合踢球、接球及射门等	8（20）	
	战术	定位球攻防	2（5）	
		局部攻防	6（15）	
	比赛	小场地或全场比赛	14（35）	
	理论与实践	整体攻防战术、比赛分析	4（10）	
	身体素质	力量素质、耐力素质	——	

二、校园足球教学课次内容示例

（一）小学阶段

表 13 小学一年级教学课次内容示例

一年级—上学期		一年级—下学期	
课次	主要内容	课次	主要内容
第 1 课	持球接力游戏；踩球	第 1 课	足球搬家游戏；踩球
第 2 课	拨地滚球接力游戏；拉球	第 2 课	"橄榄球"游戏；拉球
第 3 课	喊号抛接球游戏；拨球	第 3 课	带球跑接力游戏；拨球
第 4 课	拨地滚球比准游戏；跨球	第 4 课	头顶夹球合作游戏；跨球
第 5 课	踢球比准游戏；踩球	第 5 课	抢球游戏；踩球
第 6 课	两人合作背夹球游戏；拉球	第 6 课	三人围圈拉手运球游戏；拉球
第 7 课	"保龄球"游戏；拨球	第 7 课	"保龄球"游戏；拨球
第 8 课	脚内侧夹球跳比快游戏；跨球	第 8 课	前后搭肩夹球跳比快游戏；跨球
第 9 课	脚内侧踢球；接球	第 9 课	脚内侧踢球；接球
第 10 课	脚内侧踢球；接球	第 10 课	脚内侧踢球；接球
第 11 课	脚内侧踢球、接球；小场地比赛	第 11 课	脚内侧踢球、接球；小场地比赛
第 12 课	脚内侧踢球、接球；小场地比赛	第 12 课	脚内侧踢球、接球；小场地比赛
第 13 课	脚背外侧运球；小场地比赛	第 13 课	脚背外侧运球；小场地比赛
第 14 课	脚背外侧运球；小场地比赛	第 14 课	脚背外侧运球；小场地比赛
第 15 课	脚内侧踢球、接球；小场地比赛	第 15 课	脚内侧踢球、接球；小场地比赛
第 16 课	脚内侧踢球、接球；小场地比赛	第 16 课	脚内侧踢球、接球；小场地比赛
第 17 课	脚背外侧运球；小场地比赛	第 17 课	脚背外侧运球；小场地比赛
第 18 课	脚背外侧运球；小场地比赛	第 18 课	脚背外侧运球；小场地比赛
第 19 课	知识课：足球运动小故事	第 19 课	知识课：足球运动小故事
第 20 课	知识课：足球运动小故事	第 20 课	知识课：足球运动小故事

表14　小学二年级教学课次内容示例

二年级－上学期		二年级－下学期	
课次	主要内容	课次	主要内容
第1课	持球接力游戏；踩球	第1课	运球接力游戏；脚底踩拉球
第2课	"橄榄球"游戏；拉球	第2课	传抢球游戏；扣球、跨球
第3课	运球接力游戏；拨球	第3课	运球绕杆接力游戏；球感组合练习
第4课	抢球游戏；跨球	第4课	计时传球接力游戏；球感组合练习
第5课	踩球、拉球；小场地比赛	第5课	球感组合练习；小场地比赛
第6课	拨球、跨球；小场地比赛	第6课	球感组合练习；小场地比赛
第7课	脚背正面运球；小场地比赛	第7课	脚内侧运球、拨球变向运球；小场地比赛
第8课	脚背正面运球；小场地比赛	第8课	脚内侧运球、扣球变向运球；小场地比赛
第9课	脚背正面运球；小场地比赛	第9课	脚内侧运球、换脚扣球变向运球；小场地比赛
第10课	脚内侧绕圈运球；小场地比赛	第10课	脚背正面运球、脚背外侧扣球转身；小场地比赛
第11课	脚内侧变向运球；小场地比赛	第11课	脚背内侧、脚背外侧交替运球；小场地比赛
第12课	脚背正面运球、踩球转身；小场地比赛	第12课	脚背内侧、脚背外侧运球绕障碍物；小场地比赛
第13课	原地脚内侧踢球、脚内侧接球；小场地比赛	第13课	脚内侧连续踢球；小场地比赛
第14课	原地脚内侧踢球、脚底接球；小场地比赛	第14课	脚内侧连续踢球；小场地比赛
第15课	活动中脚内侧踢球、脚内侧接球；小场地比赛	第15课	脚内侧踢准；小场地比赛
第16课	活动中脚内侧踢球、脚底接球；小场地比赛	第16课	脚内侧踢准；小场地比赛

续表

二年级—上学期		二年级—下学期	
课次	主要内容	课次	主要内容
第17课	活动中脚内侧踢球、脚内侧接球；小场地比赛	第17课	脚内侧踢球、脚底接球；小场地比赛
第18课	活动中脚内侧踢球、脚底接球；小场地比赛	第18课	脚内侧踢球、脚内侧接球；小场地比赛
第19课	知识课：足球运动基础知识	第19课	知识课：足球运动基础知识
第20课	知识课：足球运动基础知识	第20课	知识课：足球运动基础知识

表15 小学三年级教学课次内容示例

三年级—上学期		三年级—下学期	
课次	主要内容	课次	主要内容
第1课	足球游戏；球感练习	第1课	足球游戏；球感练习
第2课	足球游戏；球感练习	第2课	足球游戏；球感练习
第3课	球感练习；小场地比赛	第3课	球感练习；小场地比赛
第4课	球感练习；小场地比赛	第4课	球感练习；小场地比赛
第5课	脚背内侧踢球；小场地比赛	第5课	脚背外侧直线运球、拉球转身组合；小场地比赛
第6课	脚背内侧踢球；小场地比赛	第6课	运球、左脚右跨球、右脚扣球转身；小场地比赛
第7课	脚内侧运球、脚背内侧踢地滚球；小场地比赛	第7课	运球、右脚左跨球、左脚扣球转身；小场地比赛
第8课	脚背正面运球、脚背内侧踢地滚球；小场地比赛	第8课	直线运球、脚底踩球、跳步转身；小场地比赛
第9课	脚背外侧运球、脚背内侧踢地滚球；小场地比赛	第9课	脚背内侧射门比赛；小场地比赛
第10课	脚背外侧运球、脚背内侧扣球转身；小场地比赛	第10课	脚背内侧踢空中球；小场地比赛

续表

	三年级—上学期		三年级—下学期
课次	主要内容	课次	主要内容
第11课	脚背内侧踢地滚球、脚底接球组合;小场地比赛	第11课	脚背内侧踢远;小场地比赛
第12课	脚背内侧踢地滚球、脚内侧接球组合;小场地比赛	第12课	脚背外侧拨球、脚背内侧踢空中球;小场地比赛
第13课	脚背内侧踢球、脚内侧接球组合;小场地比赛	第13课	接球、脚背内侧踢空中球;小场地比赛
第14课	脚内侧接球转身、脚背内侧射门组合;小场地比赛	第14课	脚背内侧运球、传接球组合;小场地比赛
第15课	脚内侧接球转身、运球绕杆、射门组合;二过一	第15课	脚背内侧、外侧运球变向运球组合;二过一
第16课	区域内运球变向转身运球组合;二过一	第16课	脚背内侧、外侧运球变速运球组合;二过一
第17课	二过一;小场地比赛	第17课	二过一;小场地比赛
第18课	二过一;小场地比赛	第18课	二过一;小场地比赛
第19课	知识课:足球比赛基本方法	第19课	知识课:足球比赛基本方法
第20课	知识课:足球比赛基本方法	第20课	知识课:足球比赛基本方法

表16 小学四年级教学课次内容示例

	四年级—上学期		四年级—下学期
课次	主要内容	课次	主要内容
第1课	足球游戏;综合球感	第1课	足球游戏;综合球感
第2课	足球游戏;综合球感	第2课	足球游戏;综合球感
第3课	综合球感;小场地比赛	第3课	综合球感;小场地比赛
第4课	综合球感;小场地比赛	第4课	综合球感;小场地比赛
第5课	运球变向假动作;脚背正面射门	第5课	对抗下运球变速过人;脚背正面射门
第6课	运球变速假动作;脚背正面射门	第6课	对抗下假动作过人;脚背正面射门

续表

四年级－上学期		四年级－下学期	
课次	主要内容	课次	主要内容
第7课	运球假动作过人；小场地比赛	第7课	接控球、运球假动作；小场地比赛
第8课	运球过人组合；小场地比赛	第8课	运球过人；小场地比赛
第9课	脚背正面射门比赛；正面抢截球	第9课	运球绕杆射门比赛；正面抢截球
第10课	活动中脚背正面射门；侧面抢截球	第10课	运球绕杆射门比赛；侧面抢截球
第11课	活动中脚背正面射门；小场地比赛	第11课	活动中脚背正面射门；小场地比赛
第12课	活动中绕障碍物脚背正面射门；小场地比赛	第12课	活动中过障碍脚背正面射门；小场地比赛
第13课	传接球、射门组合；二过一	第13课	曲线运球绕障碍物、射门组合；二过一
第14课	运球过人、射门组合；二过一	第14课	运球变向过人、脚背正面射门组合；二过一
第15课	运球变向假动作过人、射门组合；小场地比赛	第15课	运球变向假动作过人、射门组合；小场地比赛
第16课	运球变速假动作过人、射门组合；小场地比赛	第16课	运球变速假动作过人、射门组合；小场地比赛
第17课	二过一；小场地比赛	第17课	二过一；小场地比赛
第18课	二过一；小场地比赛	第18课	二过一；小场地比赛
第19课	知识课：足球竞赛基本规则	第19课	知识课：足球竞赛基本规则
第20课	知识课：足球竞赛基本规则	第20课	知识课：足球竞赛基本规则

表17 小学五年级教学课次内容示例

五年级—上学期		五年级—下学期	
课次	主要内容	课次	主要内容
第1课	综合球感；脚背内侧踢空中球	第1课	综合球感；脚背内侧空中球踢准
第2课	综合球感；脚背内侧踢空中球	第2课	综合球感；脚背内侧空中球踢远
第3课	综合球感；脚底接控反弹球	第3课	综合球感；大腿接控球
第4课	综合球感；脚底接控反弹球	第4课	综合球感；大腿接控球
第5课	脚背内侧踢空中球；小场地比赛	第5课	脚背内侧踢角球；小场地比赛
第6课	脚背内侧踢空中球；小场地比赛	第6课	脚背内侧踢任意球；小场地比赛
第7课	脚内侧接控反弹球；小场地比赛	第7课	脚内侧接控反弹球；小场地比赛
第8课	脚内侧接控反弹球；小场地比赛	第8课	脚内侧接控反弹球；小场地比赛
第9课	脚内侧接控反弹球、运球绕杆、射门组合；2vs1	第9课	大腿接控球、脚背内侧射门组合；2vs1
第10课	接控反弹球、运球过人、射门组合；3vs2	第10课	脚内侧接控反弹球、脚背正面射门组合；3vs2
第11课	脚背内侧传空中球、接控反弹球组合；小场地比赛	第11课	脚背内侧传空中球、接控反弹球组合；小场地比赛
第12课	脚背内侧传空中球、接控反弹球组合；小场地比赛	第12课	脚背内侧传空中球、接控反弹球组合；小场地比赛
第13课	2vs1；小场地比赛	第13课	2vs1；小场地比赛
第14课	2vs1；小场地比赛	第14课	2vs1；小场地比赛
第15课	2vs1；小场地比赛	第15课	2vs1；小场地比赛
第16课	3vs1；小场地比赛	第16课	3vs1；小场地比赛
第17课	3vs1；小场地比赛	第17课	3vs1；小场地比赛
第18课	3vs1；小场地比赛	第18课	3vs1；小场地比赛
第19课	知识课：运动饮食；营养与卫生知识	第19课	知识课：运动饮食；营养与卫生知识
第20课	知识课：运动饮食；营养与卫生知识	第20课	知识课：运动饮食；营养与卫生知识

表 18 小学六年级教学课次内容示例

六年级一上学期		六年级一下学期	
课次	主要内容	课次	主要内容
第 1 课	综合球感;脚背外侧接空中球	第 1 课	综合球感;脚背正面接空中球
第 2 课	综合球感;脚背外侧接空中球	第 2 课	综合球感;脚背外侧接空中球
第 3 课	综合球感;脚背正面接空中球	第 3 课	综合球感;胸部接球
第 4 课	综合球感;脚背正面接空中球	第 4 课	综合球感;胸部接球
第 5 课	前额正面头顶球;脚背接空中球、反弹球、运球射门组合	第 5 课	前额正面头顶球;胸部接球、射门组合
第 6 课	前额正面头顶球;运球绕杆、脚内侧传球、头球冲顶射门组合	第 6 课	前额正面头顶球;胸部接反弹球、射门组合
第 7 课	前额正面头顶球;小场地比赛	第 7 课	前额正面头顶球射门;小场地比赛
第 8 课	前额正面头顶球;小场地比赛	第 8 课	前额正面头顶球射门;小场地比赛
第 9 课	传接球、运球过人、射门组合;3vs2	第 9 课	脚内侧传球、接球、运球、射门组合;3vs2
第 10 课	传接球、运球过人、射门组合;3vs3	第 10 课	脚背外侧接空中球、运球过杆射门组合;3vs3
第 11 课	3vs2;小场地比赛	第 11 课	3vs2;小场地比赛
第 12 课	3vs2;小场地比赛	第 12 课	3vs2;小场地比赛
第 13 课	3vs2;小场地比赛	第 13 课	3vs2;小场地比赛
第 14 课	3vs3;小场地比赛	第 14 课	3vs3;小场地比赛
第 15 课	3vs3;小场地比赛	第 15 课	3vs3;小场地比赛
第 16 课	3vs3;小场地比赛	第 16 课	3vs3;小场地比赛
第 17 课	小场地比赛	第 17 课	小场地比赛
第 18 课	小场地比赛	第 18 课	小场地比赛
第 19 课	知识课:足球运动损伤与自我保护	第 19 课	知识课:足球运动损伤与自我保护
第 20 课	知识课:足球运动损伤与自我保护	第 20 课	知识课:足球运动损伤与自我保护

（二）初中阶段

表 19　初中一年级教学课次内容示例

初中一年级－上学期		初中一年级－下学期	
课次	主要内容	课次	主要内容
第 1 课	球感练习；脚内侧踢、接地滚球	第 1 课	球感练习；活动中脚背内侧踢球、脚内侧接球
第 2 课	球感练习；活动中脚内侧踢、接地滚球、空中球、反弹球	第 2 课	球感练习；脚背外侧踢、接地滚球、空中球、反弹球
第 3 课	变速运球过人；脚背正面踢定位球、活动球、脚内侧、脚背外侧接球	第 3 课	活动中脚背内侧踢定位球；脚内侧、脚背外侧接球
第 4 课	变速运球过人；脚背内侧踢球	第 4 课	运球过人；对抗中利用假动作抢截球；小场地比赛
第 5 课	假动作运球过人；活动中跳起正面头顶球射门；小场地比赛	第 5 课	正面、侧面防守；运球过人；小场地比赛
第 6 课	假动作运球过人；掷界外球；小场地比赛	第 6 课	运球过人后射门；小场地比赛
第 7 课	角球传中；活动中跳起头顶球射门；小场地比赛	第 7 课	接地滚球；运球过人后射门；小场地比赛
第 8 课	脚背正面接空中球射门；小场地比赛	第 8 课	接空中球射门；小场地比赛
第 9 课	脚背内侧、脚背外侧接地滚球、反弹球后运球射门；小场地比赛	第 9 课	接反弹球；运球过人后射门（限制区域）；小场地比赛
第 10 课	介绍守门员基本技术；小场地比赛	第 10 课	介绍守门员基本技术；小场地比赛
第 11 课	角球、界外球攻防；小场地比赛	第 11 课	任意球、界外球攻防；小场地比赛
第 12 课	1vs1 攻防的护球、摆脱；小场地比赛	第 12 课	1vs1 攻防的护球、摆脱；小场地比赛
第 13 课	二人进攻配合；小场地比赛	第 13 课	1 防 2、2 防 3、3 防 4 等局部以少防多；小场地比赛

续表

初中一年级－上学期		初中一年级－下学期	
课次	主要内容	课次	主要内容
第14课	二人防守配合；小场地比赛	第14课	3防2、4防3、5防4等局部以多防少；小场地比赛
第15课	跑位与接应、墙式配合；小场地比赛	第15课	2攻1、3攻2、4攻3、5攻4等局部以多攻少；小场地比赛
第16课	局部5人攻防配合；小场地比赛	第16课	局部5人攻防配合；小场地比赛
第17课	比赛原则介绍；7vs7整体攻防比赛	第17课	比赛原则介绍；8vs8整体攻防比赛
第18课	比赛原则介绍；7vs7整体攻防比赛	第18课	比赛原则介绍；8vs8整体攻防比赛
第19课	知识课：足球战术知识、竞赛规则；比赛观摩	第19课	知识课：足球战术知识、竞赛规则；比赛观摩
第20课	知识课：足球战术知识、竞赛规则；比赛观摩	第20课	知识课：足球战术知识、竞赛规则；比赛观摩

表20 初中二年级教学课次内容示例

初中二年级－上学期		初中二年级－下学期	
课次	主要内容	课次	主要内容
第1课	球感练习；活动及对抗中脚内侧踢、接地滚球	第1课	球感练习；较快速及对抗中脚内侧踢、接地滚球
第2课	球感练习；活动及对抗中脚内侧踢、接反弹球	第2课	球感练习；较快速及对抗下脚内侧踢、接反弹球
第3课	活动及对抗中脚内侧踢、接空中球；变向运球过人	第3课	左右脚背内侧踢反弹球、空中球、地滚球；脚背外侧、脚内侧接球
第4课	左右脚背正面踢、接地滚球、反弹球、空中球；变速运球过人	第4课	左右脚背外侧踢地滚球、反弹球、空中球；脚背外侧、脚内侧接球
第5课	接地滚球；假动作运球过人；小场地比赛	第5课	接空中球、地滚球、拨球；运球过人；小场地比赛

续表

初中二年级－上学期		初中二年级－下学期	
课次	主要内容	课次	主要内容
第6课	接空中球、反弹球、拉球;运球过人;小场地比赛	第6课	接空中球、地滚球、扣球;运球过人;小场地比赛
第7课	活动中跳起正面顶球射门;小场地比赛	第7课	接地滚球;运球转身过人后射门;小场地比赛
第8课	活动中跳起侧面顶球射门;小场地比赛	第8课	多部位接空中球射门;小场地比赛
第9课	接反弹球;运球过人后射门;小场地比赛	第9课	区域盯人防守;小场地比赛
第10课	接球;运球过人后射门;小场地比赛	第10课	局部3vs3攻防;小场地比赛
第11课	连续二过一的3vs2;小场地比赛	第11课	局部4vs4攻防;小场地比赛
第12课	第2空当的3vs2;小场地比赛	第12课	局部5vs4攻防;小场地比赛
第13课	局部3vs3攻防;小场地比赛	第13课	局部5vs5攻防;小场地比赛
第14课	罚球区附近正面直接任意球攻防;小场地比赛	第14课	罚球区附近侧面直接任意球攻防;小场地比赛
第15课	短传角球攻防;小场地比赛	第15课	长传角球攻防;小场地比赛
第16课	介绍守门员基本技术;小场地比赛	第16课	介绍守门员基本技术;小场地比赛
第17课	比赛原则介绍;8vs8整体攻防比赛	第17课	比赛原则介绍;8vs8整体攻防比赛
第18课	比赛原则介绍;8vs8整体攻防比赛	第18课	比赛原则介绍;8vs8整体攻防比赛
第19课	比赛原则介绍;11vs11整体攻防比赛	第19课	比赛原则介绍;11vs11整体攻防比赛
第20课	知识课:足球文化介绍	第20课	知识课:足球规则介绍

表 21　初中三年级教学课次内容示例

初中三年级—上学期		初中三年级—下学期	
课次	主要内容	课次	主要内容
第1课	快速活动中的球感练习;脚内侧踢接地滚球、反弹球、空中球	第1课	快速活动中的球感练习;脚内侧踢接地滚球、反弹球、空中球
第2课	快速活动及对抗中脚内侧踢接地滚球、反弹球、空中球	第2课	快速活动及对抗中脚背正面踢接反弹球、空中球、地滚球
第3课	快速活动及对抗中脚背内侧踢接地滚球、反弹球、空中球	第3课	快速活动及对抗中脚背外侧踢接反弹球、空中球、地滚球
第4课	运球过人;抢截球技术练习	第4课	运球过人;抢截球技术练习
第5课	运球过人;抢截球技术练习	第5课	运球过人;抢截球技术练习
第6课	接球转身后射门;小场地比赛	第6课	三人配合中射门;小场地比赛
第7课	接空中球凌空射门;小场地比赛	第7课	组合传接球结合射门;小场地比赛
第8课	接反弹球;运球过人后射门;小场地比赛	第8课	快速射门;小场地比赛
第9课	介绍守门员基本技术;小场地比赛	第9课	介绍守门员基本技术;小场地比赛
第10课	任意球攻防;小场地比赛	第10课	角球、掷界外球攻防;小场地比赛
第11课	活动中争顶球;边路传中球防守;小场地比赛	第11课	快攻中边路转移攻防;小场地比赛
第12课	快攻中的边路传中攻防;小场地比赛	第12课	快攻中的中路突破攻防;小场地比赛
第13课	4vs4 前场快速进攻;小场地比赛	第13课	4vs4、5vs5 协同防守;小场地比赛
第14课	中路渗透进攻;小场地比赛	第14课	转移进攻;小场地比赛
第15课	边路传中进攻;小场地比赛	第15课	边路防守;小场地比赛
第16课	11vs11 整体进攻;比赛	第16课	11vs11 整体进攻;比赛
第17课	11vs11 整体进攻;比赛	第17课	11vs11 整体进攻;比赛
第18课	11vs11 整体防守;比赛	第18课	11vs11 整体防守;比赛
第19课	知识课:个人、小组攻防战术	第19课	知识课:个人、小组攻防战术
第20课	知识课:足球裁判法	第20课	知识课:足球裁判法

（三）高中阶段

表 22　高中一年级教学课次内容示例

高中一年级—上学期		高中一年级—下学期	
课次	主要内容	课次	主要内容
第 1 课	比赛情景下运球变向、变速、转身	第 1 课	比赛情景下运球变向、变速、转身
第 2 课	比赛情景下踢地滚球、空中球、反弹球	第 2 课	比赛情景下踢地滚球、空中球、反弹球
第 3 课	比赛情境下的综合传接球	第 3 课	比赛情境下的综合传接球
第 4 课	比赛情境下的综合传接球	第 4 课	比赛情境下的综合传接球
第 5 课	前锋位置技术的抢点射门；小场地比赛	第 5 课	前锋位置技术组合；小场地比赛
第 6 课	前锋、前卫进攻位置技术配合；小场地比赛	第 6 课	前锋、前卫防守位置技术配合；小场地比赛
第 7 课	定位球攻防；小场地比赛	第 7 课	定位球攻防；小场地比赛
第 8 课	1vs2 个人进攻；小场地比赛	第 8 课	1vs2 个人进攻；小场地比赛
第 9 课	1vs2 个人防守；小场地比赛	第 9 课	1vs2 个人防守；小场地比赛
第 10 课	2vs3 小组进攻；小场地比赛	第 10 课	2vs3 小组进攻；小场地比赛
第 11 课	2vs3 小组防守；小场地比赛	第 11 课	2vs3 小组防守；小场地比赛
第 12 课	边路进攻；小场地比赛	第 12 课	边路进攻；小场地比赛
第 13 课	边路防守；小场地比赛	第 13 课	边路防守；小场地比赛
第 14 课	中路进攻；小场地比赛	第 14 课	中路进攻；小场地比赛
第 15 课	中路防守；小场地比赛	第 15 课	中路防守；小场地比赛
第 16 课	433 基本阵型的 11 人制比赛	第 16 课	433 基本阵型的 11 人制比赛
第 17 课	433 基本阵型的 11 人制比赛	第 17 课	433 基本阵型的 11 人制比赛
第 18 课	442 基本阵型的 11 人制比赛	第 18 课	442 基本阵型的 11 人制比赛
第 19 课	知识课：整体攻防战术；比赛分析	第 19 课	知识课：整体攻防战术；比赛分析
第 20 课	知识课：整体攻防战术；比赛分析	第 20 课	知识课：整体攻防战术；比赛分析

表 23　高中二年级教学课次内容示例

高中二年级-上学期		高中二年级-下学期	
课次	主要内容	课次	主要内容
第1课	比赛情景下运球变向、变速、转身	第1课	比赛情景下运球变向、变速、转身
第2课	比赛情景下传接地滚球、空中球、反弹球	第2课	比赛情景下传接地滚球、空中球、反弹球
第3课	比赛情景下接球后射门、运球后射门	第3课	比赛情景下接球后射门、运球后射门
第4课	比赛情景下接球、运球过人后射门	第4课	比赛情景下接球、运球过人后射门
第5课	后卫防守位置技术；小场地比赛	第5课	后卫进攻位置技术；小场地比赛
第6课	前卫、后卫防守位置技术配合；小场地比赛	第6课	前卫、后卫进攻位置技术配合；小场地比赛
第7课	守门员接球、踢球和手抛球体验；小场地比赛	第7课	守门员接球、踢球和手抛球体验；小场地比赛
第8课	前锋、前卫边路协同进攻；小场地比赛	第8课	前锋、前卫边路协同进攻；小场地比赛
第9课	前锋、前卫边路协同防守；小场地比赛	第9课	前锋、前卫边路协同防守；小场地比赛
第10课	前锋、前卫中路协同进攻；小场地比赛	第10课	前锋、前卫中路协同进攻；小场地比赛
第11课	前卫、后卫协同防守；小场地比赛	第11课	前卫、后卫协同防守；小场地比赛
第12课	前卫、后卫协同进攻；小场地比赛	第12课	前卫、后卫协同进攻；小场地比赛
第13课	前卫、后卫协同防守；小场地比赛	第13课	前卫、后卫协同防守；小场地比赛
第14课	442基本阵型的11人制比赛	第14课	442基本阵型的11人制比赛
第15课	433基本阵型的11人制比赛	第15课	433基本阵型的11人制比赛
第16课	433基本阵型的11人制比赛	第16课	433基本阵型的11人制比赛
第17课	352基本阵型的11人制比赛	第17课	451基本阵型的11人制比赛
第18课	352基本阵型的11人制比赛	第18课	451基本阵型的11人制比赛
第19课	知识课:整体攻防战术；比赛分析	第19课	知识课:整体攻防战术；比赛分析
第20课	知识课:整体攻防战术；比赛分析	第20课	知识课:整体攻防战术；比赛分析

表24　高中三年级教学课次内容示例

高中三年级-上学期		高中三年级-下学期	
课次	主要内容	课次	主要内容
第1课	比赛情景下运球变向、变速、转身	第1课	比赛情景下运球变向、变速、转身
第2课	比赛情景下运球变向、变速、转身及运球过人	第2课	比赛情景下运球变向、变速、转身及运球过人
第3课	比赛情景下传接球组合	第3课	比赛情景下传接球组合
第4课	1vs1 快速运球过人后射门	第4课	1vs1 快速运球过人后射门
第5课	1vs1 接地滚球、快速运球过人后射门；小场地比赛	第5课	1vs1 接空中球、快速运球过人后射门；小场地比赛
第6课	后卫位置技术的抢点解围；小场地比赛	第6课	前卫、后卫位置技术组合；小场地比赛
第7课	后卫位置技术组合；小场地比赛	第7课	前卫位置技术的转移球；后卫防守队形；小场地比赛
第8课	前锋、前卫前场协同进攻；小场地比赛	第8课	前锋、前卫前场协同进攻；小场地比赛
第9课	前锋、前卫前场协同防守；小场地比赛	第9课	前锋、前卫前场协同防守；小场地比赛
第10课	前卫、后卫后场协同控制球；小场地比赛	第10课	前卫、后卫后场协同控制球；小场地比赛
第11课	前卫、后卫后场协同防守；小场地比赛	第11课	前卫、后卫后场协同防守；小场地比赛
第12课	角球攻防组合；小场地比赛	第12课	角球攻防组合；小场地比赛
第13课	任意球攻防组合；小场地比赛	第13课	任意球攻防组合；小场地比赛
第14课	11人制比赛	第14课	11人制比赛
第15课	11人制比赛	第15课	11人制比赛
第16课	11人制比赛	第16课	11人制比赛
第17课	11人制比赛	第17课	11人制比赛
第18课	11人制比赛	第18课	11人制比赛
第19课	知识课：整体攻防战术；比赛分析	第19课	知识课：整体攻防战术；比赛分析
第20课	知识课：整体攻防战术；比赛分析	第20课	知识课：整体攻防战术；比赛分析

主要参考文献

[1] 中华人民共和国教育部.义务教育体育与健康课程标准[S].北京:北京师范大学出版社,2012.01

[2] 中华人民共和国教育部.全国青少年校园足球教学指南(试行)[EB].2016.07

[3] 中华人民共和国教育部.学生足球运动技能等级评定标准(试行)[EB].2016.07

[4] 河南省教育厅.河南省中小学体育(与健康)课程教学指导[M].郑州:郑州大学出版社,2004.09

[5] 王崇喜.足球教学设计[M].北京:高等教育出版社,2009.07

[6] 陈珂琦,王崇喜.中小学校园足球教师用书[M].北京:人民教育出版社,2015.06

[7] 邓树勋等.运动生理学[M].北京:高等教育出版社,2009.06

[8] 姚鸿恩.体育保健学[M].北京:高等教育出版社,2006.07

[9] 季浏等.体育心理学[M].北京:高等教育出版社,2010.07

[10] 赵超君.体育教学技能实训教程[M].北京:高等教育出版社,2016.12

[11] 刘俊凯.足球大课间的合理设计与有效组织[J].体育学刊,2016.06

[12] 赵超君.体育教材分群与教学策略取向[J].中国学校体育,2010.06

[13] 赵超君.讲解与示范的组合方式及其效果[J].中国学校体育,2008.04

[14] 赵超君.大班额体育教学的现状、弊端与对策[C].新世纪学校体育改革探索.北京:人民教育出版社,2005.08

[15] 赵超君.品德形成特点对体育教学的启示[J].体育教学,2017.03

[16] 赵超君.居安思危,防患未然[J].中国学校体育,2016.12